FRIEDRICH WEINREB
DIE ASTROLOGIE IN DER
JÜDISCHEN MYSTIK

FRIEDRICH WEINREB

DIE ASTROLOGIE IN DER JÜDISCHEN MYSTIK

Textfassung Christian Schneider

THAUROS VERLAG
WEILER

Dieses Werk ist eine vom Autor zum Druck freigegebene schriftliche Ausarbeitung seiner im Jahr 1975 in Bern gehaltenen Vorträge zum Thema »Astrologie«. Das Abschreiben der Tonbänder besorgte Katharina Ensinger, die Textfassung und Redaktion Christian Schneider.

7. bis 9. Tausend 2000

Typographie Rudolf Paulus Gorbach
Herstellung Gorbach GmbH Buchendorf
Bleisatz aus der Linotype Bodoni im
Druckhaus Oberammergau GmbH
Druck und Bindung bei Kösel GmbH, Kempten
Printed in Germany
ISBN 3-88411-012-1

VORWORT

In der Überlieferung des alten jüdischen Wissens gilt die Einsicht, daß nur ein »Weiser« ein Horoskop deuten könne, als Ausgangs- und Endpunkt jeder Beschäftigung mit Astrologie. Wo ist dieser »Weise« zu finden?

Eine der Antworten, die Friedrich Weinreb auf diese Frage gäbe, könnte lauten: Im Menschen selbst; dort, wo er nicht berechnen kann, dort wo er nicht w i s s e n will, sondern in Vertrauen und Hingabe lebt.

Könnte es sein, daß dort auch die Freiheit lebt, nach der sich jeder sehnt, nur dem Blick fast gänzlich entzogen durch täglich sich auftürmende Ängste, Sorgen, Zwänge?

Die Freiheit aber, die königliche Freiheit j e d e s Menschen, ist das eigentliche Thema jener Astrologie, von der Friedrich Weinreb in diesem Buch erzählt.

Den Charakter einer von zum Teil vertrauten Zuhörern und ihrer Hingabe hervorgerufenen Erzählung (ohne Manuskript oder besondere Vorbereitung) zu wahren, war der leitende Grundsatz dieser schriftlichen Fassung von acht Vortragsabenden. Vielleicht öffnet sich damit auch eher ein Weg zum »Weisen« im Leser selbst, der durch den systematisierten Ballast der Berechnungs- und Deutungsmethoden heutiger Astrologie unauffindbar scheint.

Man wird dann verstehen, daß die in die Ferne kalt-wissenschaftlich berechneter Unendlichkeit gerückten Gestirne unserem H e r z e n doch nah sind, weil dort Wärme und Beziehungsreichtum herrschen. Diesen wahren Reichtum unermüdlich und nun auch als »Astrologie des Seins« dem kühlen Bewußtsein unseres Zeitalters, das nur noch eine »Astrologie des Werdens« kennt, zu konfrontieren, ist Friedrich Weinrebs bleibendes Verdienst.

Danken möchte ich an dieser Stelle sehr herzlich allen, welche die Herausgabe dieses Buches möglich gemacht haben, namentlich Katharina Ensinger für die mühevolle Arbeit der Tonbandabschrift und meiner lieben Frau fürs Korrekturenlesen.

München, den 10. Mai 1982 Christian Schneider

INHALT

ERSTES KAPITEL

Astrologie des Werdens — Astrologie des Seins · Die Welt des Mythos · Quellen der Überlieferung · »Männliche«, »weibliche« und Tierkreiszeichen des »Kindes« · Die Erschaffung der Welt im Zeichen Stier · Das historische Bewußtsein im Zeitalter der Fische · Das Lamm als Grundlage der Welt · Vom Zählen zum Erzählen · Der »stoßende Stier« · Alef: Wie sich das Erste im Erscheinen artikuliert

Ich möchte Ihnen von einer Astrologie erzählen, die Sie wahrscheinlich noch nicht kennen. Ich nenne sie die »andere« Astrologie. Was an ihr ist anders? Ist diese Benennung nur eine Eigenwilligkeit oder weist sie auf etwas Bedeutsames hin?

Die Astrologie, die wir kennen, gibt eine Schau des Menschen in seinem Verhalten zur Welt, wie sie sich zeiträumlich darstellt. Sie entfaltet eine Sicht, wie der Mensch in dieser Welt lebt und was sein Schicksal sein könnte. Eine solche Astrologie, recht verstanden und gut angewandt, ist nicht falsch. Eine »andere« Astrologie meint nicht: die alte war falsch, jetzt kommt eine andere, die richtige.

Die bekannte Astrologie ist eine aus der Welt des Werdens. Es ist die Welt, in der Entwicklung, Zeit und Raum, Ursache und Wirkung, also die Kausalität, bestimmend und selbstverständlich sind. Sie wird daher auch die Welt der Gesetze, der Gesetzmäßigkeiten genannt. Entsprechend deckt diese Astrologie gewisse Gesetzmäßigkeiten auf und zeigt Verknüpfungen. Ob und wieweit es sich dabei um kausale Verbindungen handelt und die Erklärungen, die gegeben werden, immer auf dem Ursache-Wirkung-Prinzip beruhen, möchte ich im Augenblick einmal dahingestellt sein lassen.

Wovon ich jetzt sprechen will, ist die Astrologie aus der Welt des Seins. Das Sein will sagen: Dem, was hier meßbar ist, steht etwas gegenüber, das sich nicht messen läßt, das sich allem Messen entzieht, das ganz anderes mitteilen möchte. Von diesem Anderen möchte ich einiges erzählen.

Diese andere Astrologie hat einiges mit der Sicht der Bibel zu tun. Sie gibt, wie die Bibel, keine Mitteilung darüber, wie es sich hier in Zeit und Raum verhält. Die biblische Geschichte ist, wenn man sie nur historisch und geographisch untersucht, unverständlich. Zwar könnte man dann eine Reihe von Namen lokalisieren, aber das, wovon gesprochen wird, läßt sich nicht beweisen. Nehmen Sie nur zum Beispiel die Stelle, wo Josua bei der Eroberung des Landes die Sonne und den Mond stillestehen heißt. Nach Gesetz würde das für den ganzen Kosmos, der nur durch fortwährende Bewegung sich im Gleichgewicht hält, eine Katastrophe bedeuten. Wir spüren, daß das nicht so gemeint sein kann.

Oder denken Sie nur daran, wie oft es heißt, daß Gott mit dem Menschen spricht. Wie, kann man fragen, hört der Mensch das? War das eine Stimme wie über eine Art Lautsprecher? Oder war es eine Stimme, die der Mensch in sich selbst hörte? Wir merken schon: Sobald wir etwas zeiträumlich, historisch und geographisch, wahr-haben wollen, geraten wir mit der Bibel gleich in Schwierigkeiten. Das gilt auch für den großen Komplex der jüdischen Überlieferung. Man nennt ihn die mündliche Überlieferung, obwohl er zum größten Teil schon seit nahezu zwei Jahrtausenden schriftlich vorliegt; ursprünglich aber wurde er mündlich von Lehrer zu Schüler tradiert. Noch immer gibt es Teile, die nur mündlich überliefert sind.

Nähme man die Mitteilungen der Überlieferung im kausalen Sinne wörtlich, würde sofort klar, daß dann das Ganze ziemlich sinnlos wäre. So vieles gibt es dort, das dem gesunden Menschenverstand, dem *common sense*, widerspricht, daß man gleich erkennt: Das kann ich also nur, wie es heißt, symbolisch nehmen. Was aber bedeutet symbolisch? Wie weit ist es in unser Denken übersetzbar? Welches Instrumentarium benötige ich zum Interpretieren? Und wie kann man kontrollieren, ob das Symbol Gültigkeit besitzt, oder ob ich nur etwas hineinlege? Die Art, wie die Bibel oder die Überlieferung erzählt, finden wir auch in den Mythen aller Kulturen. Was der Mythos mitteilt, können wir uns nicht als buchstäblich hier so geschehen vorstellen. Wenn es heißt, daß Götter kamen — woher kamen sie und wohin gingen sie? Was wollten sie hier? Mit Denkkonstruktionen in der Art der *science fiction* kommt man da nicht weiter. Entweder nimmt man die Mythologie als Ganzes und behält sie, oder man »entmythologisiert« und ist dann das Wichtigste eigentlich los, denn bei dieser Prozedur kann das Wesentliche nicht mehr mitkommen.

Das mythische Geschehen historisch wiederfinden zu wollen, ist unsinnig, ob es sich nun um Troja oder Jerusalem handelt. Es sind ganz verschiedene Schichten, die man nicht einfach zusammenbringen kann. Wohl aber können wir eine Verwandtschaft zwischen mythischen Mitteilungen und dem Gebiet der Träume erkennen. Auch im Traum geschehen uns Dinge, die nicht wörtlich genommen werden können. Oder erwarten wir etwa von einer Traumdeutung, daß sie das Traumgeschehen historisch und geographisch richtig zuordnet? Wenn im Traum jemand stirbt, dann heißt es doch nicht, daß er auch hier stirbt; und wenn im Traum eine Hochzeit ist, muß sie hier doch nicht stattfinden.

Wir sollten also die Welt des Mythos, wie auch die Traumwelt, erst einmal für sich bestehen und sprechen lassen. Dann erst können wir versuchen zu sehen, wie sie sich bei uns ausdrückt. Die mythische Welt können wir eine Welt des Qualitativen nennen, während unsere zeiträumliche Welt der Welt des Quantitativen entspricht. Eine Qualität läßt sich nicht ohne weiteres in Quantität ausdrücken, es sei denn, sie bietet von sich selbst her eine Möglichkeit dazu. Wir müssen also den Faden finden, der die Welt des Qualitativen mit der des Quantitativen verbindet. Dann wüßten wir auch, wie Qualitatives in Quantitativem sich ausdrückt, und müßten nicht im Vagen herumspekulieren.

Begnügen wir uns jetzt einmal mit der Feststellung: Die Mythologie ist eine Welt, die sich unserer Welt gegenüber verhält wie Qualität zu Quantität, wie ein Gedanke zu den Dingen, wie eine Vorstellung zum Ausdruck in Worten. Oft bin ich zum Beispiel nicht imstande, meine Gedanken auszudrücken, denn ich finde einfach die Worte nicht. Ich fange zwar an, muß aber bald wieder aufhören, denn ich fühle, daß das, was ich sehr schön in meinen Gedanken habe, in den Worten nachher gar nicht mehr stimmt. In den Gedanken aber stimmt es wohl.

Ich kann auch Gefühle selten gut ausdrücken. Es gibt aber Menschen, die Gefühle in einer Melodie ausdrücken können, oder in einem Gemälde, oder in einem Gedicht. Man spürt dann gleich das Einmalige. Es ist unmöglich, daß ein Künstler sein Kunstwerk »konstruiert«; das Kunstwerk spricht sich aus oder drückt sich aus, es ist da. Daran modellieren kann der Künstler, er kann es aber nicht im Sinne eines gezielten Herstellens machen. Dann wäre es, wie die Sprache es auch sagt, kein Kunstwerk, sondern ein Machwerk.

Auch die Welt der Mythologie ist in dem Sinne da, daß wir sie nur empfinden können, nur spüren können, was sie ist. Je besser unser Gespür, desto eher könnte sie sich bei uns in etwas übersetzen, das wir dann auch uns selbst und anderen gegenüber ausdrükken können. Die Astrologie aus der Welt des Mythos kann man nur verstehen, wenn man auch selbst in der Wirklichkeit des Seins ist; von dorther — wirklich empfunden — könnte es vielleicht hierher übertragen werden. Im Menschen aber, der dort vielleicht gar nicht zu Hause ist, lebt es dennoch, dann aber als das, was er immer sucht, wonach er sich sehnt, es zu erfahren: eine metaphysische Welt. Diese Welt ist hier nicht identifizierbar, zeigt sich nur hie und da ein wenig an der Peripherie.

Damit ist nun aber nicht gesagt, daß unsere Empfindungen von dorther keine Ausdrucksmöglichkeit in unserem Leben hier haben; gerade indem wir sie empfinden, drücken sie sich schon aus, haben schon hierher gefunden, unbewußt natürlich. Mit dem Begriff des Unbewußten bezeichnen wir ja etwas, das sich von selbst bei uns ausdrückt.

Oft sagen mir Leute, sie hätten mir zwar sehr gut zugehört, aber dann doch wieder alles vergessen. Das finde ich gar nicht schlimm. Wenn man es nämlich gehört und vergessen hat, bedeutet es, daß es jetzt in eine Region übergesiedelt ist, in der das Denken und Rechnen unserer kausalen Welt nicht funktionieren. Diese andere Region ist aber auch ein Teil von uns; von dorther kann es sich doch wieder in unser Leben herüberschleichen, von der anderen Seite her durchkommen. Man muß also gar nicht so besorgt sein um das Verstehen und das Behalten.

Im alten Wissen sagt man, daß die weitaus meisten Träume vom Menschen vergessen werden. Er träumt sehr viel in der Nacht; wenn er aber erwacht, weiß er davon fast nichts mehr, nur hie und da mal einen Traum. Das Träumen des Menschen, sagt man, geschieht in der Wirklichkeit des Seins, und sein Tagesleben ist Ausdruck dieser Träume. Es ist also keine Reihenfolge, sondern der Tag drückt aus, was man träumt, oder: Im Traum geschieht, was man am Tag erlebt. Beides ist zu gleicher Zeit. Deine Vorstellungen, Wünsche und Sehnsüchte in der Phantasie drücken sich im Leben des Tages aus, erscheinen ins Tagesleben projeziert.

Nun, ich möchte Ihnen etwas von der Astrologie aus der Welt des Seins erzählen. Wie immer, wenn ich erzähle, tue ich das anhand der alten Quellen und Mitteilungen. Wenn Sie es hören und aufnehmen, wird es schon seine Wirkung haben. Vielleicht erkennen Sie dann, wer Sie sind. Die Tierkreiszeichen sind in der

Welt des Seins die gleichen wie hier, wo man messen und berechnen kann. Dort aber sind sie in einer anderen, in einer Traum-Wirklichkeit; hier müssen wir messen und Horoskope für jeden Moment berechnen, dort ist es auf andere Weise wirksam.

Ich möchte noch etwas zu den Quellen sagen. Ein Buch, welches die Astrologie aus der Welt des Seins enthält, gibt es nicht. Sie würden danach auch, glaube ich, vergeblich suchen. Ich jedenfalls kenne keines und habe nie eines nennen hören. Im Komplex der jüdischen Überlieferung aber gibt es viele Mitteilungen über Astrologie. Sie sind, soweit ich weiß, noch nie gesammelt worden. Im Laufe meines Lebens habe ich sehr viele dieser Quellen gelesen und studiert. So haben sich aus meinen Gedanken und Notizen die Quellen zur Astrologie zusammengefügt.

Die Ihnen geläufige Astrologie kenne ich auch, wie sie eben ein gebildeter Laie kennen kann. Von ihr möchte ich nicht sprechen. Da gibt es genügend Bücher, gute und weniger gute; es gibt aber auch sehr gute, in denen man sich orientieren kann, wenn man will. Ich möchte mich möglichst auf diese andere Astrologie beschränken. Hie und da allerdings hinüberschauen und vergleichen, warum man dort so und hier so sagt, denn die Andersartigkeit muß ja einen Sinn haben.

Die alten Quellen — und das gilt für alle Kulturen — kennzeichnet etwas sehr Merkwürdiges: Sie teilen mit, erklären aber nicht. Wenn man sie heute liest, klingen sie etwas verrückt. Man kann es nicht erklären, man kann es nur erleben. Man setzt voraus, daß es in jedem Zeitalter Lehrer oder Meister, oder wie immer man sie nennen will, gibt, die imstande sind, die alten

Mitteilungen so zu übersetzen, daß sie in der Gegenwart verstanden werden.

Eine Erklärung, die vor 2000 Jahren Gültigkeit hatte, ist heute nicht mehr zu verstehen. Erklärungen aus jenen Zeiten aber sind uns nicht überliefert. Mündlich mag es sie vielleicht gegeben haben. Sehr wenige Bücher späterer Zeiten — etwa vor tausend Jahren — beginnen zu erklären. Wer das heute liest, hat das Gefühl: Nun ja, im Mittelalter mochte man so etwas noch glauben können, aber jetzt geht das nicht mehr. Man spürt gleich, daß diese Erklärungen uns heute nicht ausreichen. Die Quellen aber sind da, und damals wurden diese Erklärungen wohl verstanden.

Ich werde also Quellen zitieren. Die Erklärungen aber gebe ich selbst. Im letzten Viertel des zwanzigsten Jahrhunderts lebend, kann ich nur in einer Terminologie erklären, in der man heute denkt und erkennt. Die Quellen finden sich hauptsächlich im Talmud, dem Hauptwerk der mündlichen Überlieferung; man unterscheidet nach den Stätten der Niederschriften den Babylonischen und den Jerusalemischen Talmud. Weiter gibt es eine ganze Reihe von sogenannten Midraschim, Mitteilungen und Kommentare aus sehr alten Zeiten. Auch Werke der Kabbala gehören zum Komplex der Überlieferung, so zum Beispiel der »Sohar«. Die letzten Quellen, die spätesten, entstammen der sogenannten Lurianischen Kabbala, die in Safed, Palästina, ihr Zentrum hatte. Das ist nun aber auch schon vierhundert Jahre her. Aus späteren Zeiten gibt es keine Quellen mehr, die Neues bringen. Es besteht dafür auch kein Bedürfnis mehr. Man empfindet den Komplex als abgerundet und genügend für weiteres Denken und Deuten.

Die Astrologie des Seins kennt, wie ich schon sagte, auch die Tierkreiszeichen und die Planeten. Von den Tierkreiszeichen heißt es, daß sie ungefähr feststehen. Es sind Richtungen am Himmel; wobei von dieser Sicht her auch die Begriffe Himmel und Firmament zu klären wären. Die Planeten dagegen sind, wie wir wissen, fortwährend in Bewegung; auch das wird in der anderen Astrologie so gesehen. Es gibt also eine Bewegung über Feststehendes.

Ich will nun etwas von den Tierkreiszeichen erzählen. Man unterscheidet dort ebenfalls zwölf solcher Zeichen. Im Prinzip sind es, ungefähr auch den Namen nach, die gleichen wie in der bekannten Astrologie. Die Planeten haben im Hebräischen andere Namen, stehen aber in naher Verbindung mit den Planeten unserer Kenntnis.

Nun aber muß ich auf einen Unterschied hinweisen. Man teilt nämlich die zwölf Tierkreiszeichen nicht in eine Ordnung von vier mal drei ein — entsprechend den vier Elementen, den vier Richtungen; das, sagt man, gilt nur für die weltliche Astrologie, für das Diesseitige, die dort die Babylonische Astrologie genannt wird. Man sagt: Wir, von der anderen Seite, der jenseitigen, herkommend, können nicht die Vierheit haben. Die Vierheit ist die weibliche Seite. Wir haben die Einteilung in drei. So spricht man dann von »männlichen« Zeichen, »weiblichen« Zeichen und Zeichen, die vom »Kind«, von der »Frucht« herkommen. Entsprechend teilt man die zwölf Zeichen in 3+4+5. Auf dieser Einteilung beruht auch das Dreieck des Pythagoras, wovon in der Überlieferung immer als von einem Geheimnis gesprochen wird. Denn wenn bei diesem Dreieck die rechte Seite, die senkrechte, 3 ist, und die linke, die waagrechte Seite, 4, dann beträgt die Hypothenuse 5; $3^2 + 4^2 = 5^2$, also $9 + 16 = 25$.

Die 3 wird als Richtung des Männlichen, die 4 als Richtung des Weiblichen gesehen. Indem sich diese beiden Richtungen aus ganz verschiedenen Dimensionen begegnen — die eine trifft senkrecht auf die andere, die eine bricht gleichsam in die andere hinein —: nur dann entsteht eine Frucht, die 5. Dieses Senkrecht-aufeinander-stehen will sagen: Zwei verschiedene Wirklichkeiten begegnen sich. Die Horizontale ist für uns das Irdische. Sie kennt diese Welt, kann deshalb bis ins Unendliche gehen — sie bleibt auch im Unendlichen diese Welt, diese Wirklichkeit. Alles hier Erscheinende ist weiblich, horizontal. Es ist die Seite, die mit der 4 gemessen wird.

Ihr gegenüber, also senkrecht auf ihr, steht die 3. Sie ist das Männliche, die das Weibliche befruchtet. In der Bibel und im ganzen Altertum gelten die 3 als das Männliche und die 4 als das Weibliche; entsprechend kennt die Bibel 3 Erzväter und 4 Erzmütter. Das ist nicht zufällig so, sondern von der Struktur des Seins her bedingt. Man erwartet also, daß das Männliche in die weiblichen Zeichen hineinbricht, damit es anerkannt und erlebt wird als aus einer anderen Dimension kommend. Dann erst kann Frucht sein.

Was ist Frucht? Eben das, was wir von unserem Leben erwarten. Zum Beispiel wollen wir mit unserem Nachdenken auch eine Frucht erreichen. Im alten Wissen aber heißt es: Solange du nur kausal denkst, kommt nie eine Frucht; du bekommst nur dich immer wieder zurück. Frucht kommt erst, wenn du aus einer anderen Dimension ein anderes Empfinden, ein anderes Erfahren in dein Denken hineinläßt. Dieses Andere, zusammen mit deinem kausalen Denken, kann dann Frucht bringen. Das Andere kann ein Einfall sein, eine Vision; allein aber ist es genauso unfruchtbar wie das Horizontale allein. In allem braucht das Männliche das Weibliche, wie auch das Weibliche das Männliche braucht.

Das Weibliche ist identisch mit dem Konkreten, mit allem, was wir hier wahrnehmen und messen können, also auch mit dem Mond und mit der Sonne, wie wir sie sehen und erfahren. All das gehört zur Vier. Aber Sonne, Mond und Sterne gibt es auch auf andere Art, wie die Drei, das Männliche, nämlich als Verborgenes. Und das ist nicht meßbar, ist unermeßlich für unsere Maßstäbe, unerfahrbar für unsere Art des Denkens. So sind Sonne, Mond und Sterne auch als andere Wirklichkeit im Menschen und nur so können sie von uns angenommen werden.

Nun verstehen Sie vielleicht besser, warum die Astrologie, wie sie die Babylonier entwickelt und angewandt haben und wie wir sie heute kennen, die weibliche Astrologie genannt wird. Man sagt, sie rechne mit Kausalitäten, mit Zusammenhängen und Sichtweisen kausaler Art. Die Astrologie aus der Welt des Seins wird nun nicht etwa demgegenüber die männliche genannt, sondern die Astrologie, wo Männliches und Weibliches eine Einheit bilden, wo Vater, Mutter und Sohn ineins da sind.

Die weiblichen Tierkreiszeichen sind auch die am meisten konkreten Zeichen in der anderen Astrologie. Nie aber so konkret wie die Dinge, die wir hier wahrnehmen können. Sonne und Mond zum Beispiel, wie sie uns erscheinen und von uns in ihrem Lauf gemessen werden können, drücken hier quantitativ aus, was jenseits als Qualität besteht. Man kann aber nicht von der Quantität zur Qualität kommen.

Ich gebe dafür gern immer ein Beispiel aus einem ganz anderen Gebiet: der Sprache. Wir sprechen doch, ohne während des Sprechens zu rechnen. Im allgemeinen sprechen wir intuitiv und spontan. Ziemlich selten überlegen wir ganz kühl, was wir eigentlich sagen wollen. Kühl-sein-wollen ist ein Zwang. Im Sprechen aber geschieht Spontanes von einem Gebiet her, das nicht zwingt. Nun heißt »sprechen« in allen mir bekannten Sprachen »erzählen«, und es kommt in diesem Wort merkwürdigerweise das Zählen vor. Beim Erzählen bin ich also auch quantitativ beschäftigt. In dem aber, was ich spreche, ist eine Qualität; im Sprechen drücke ich diese Qualität aus. Man könnte meine Stimme schon messen, ihre Lautstärke, und die Konsonanten und Vokale zählen, alles dann gut ausarbeiten und in Quantitäten darstellen. Das Gesagte aber war eine Qualität. Jeder, der spricht, erwartet doch, daß man die Qualität hört und versteht, nicht die Quantität. Aufgenommen wird also das Andere, das mit der Quantität mitkommt. Beides aber ist da.

Sonne, Mond und Sterne kann man ohne weiteres quantitativ messen; es ist aber wie beim Sprechen: die Zahlen müssen Leben bekommen. Woher, können wir fragen, kommen die Mitteilungen und Feststellungen der Babylonischen, also der weiblichen Astrologie? Gewiß auch aus einer Qualität, aber einer Qualität, die sich mit der Welt hier beschäftigt, mit unserem zeiträumlichen Dasein und, wenn überhaupt, höchstens an der Grenze ein wenig mit der Welt unseres Seins. Beim Besprechen der Tierkreiszeichen, wie man sie in der Welt des Seins empfindet, werden wir sehen: Das alte Wissen akzeptiert Zufall, akzeptiert auch Willkür, erkennt darin aber eine Struktur. Man möchte, auch wenn es sich chaotisch und willkürlich verhält, doch gern das Angesicht sehen, wie immer es aussieht. Man möchte sehen, wer man ist, wer von der anderen Seite her regiert. Deshalb führen meine Interpretationen dieser alten Mitteilungen immer wieder zurück in den Komplex der Bibel, der schriftlichen Überlieferung also, und auch zu Midrasch, Agada und Kabbala, der mündlichen Lehre. Die ganze Überlieferung hilft hier »zu erklären«. Ich gebe in diesem Zusammenhang also keine eigene Meinung oder Theorie, sondern erzähle nur, was im alten Wissen seine Bestätigung findet.

Die Monate, mit denen die Welt rechnet, haben mit dem Mond nichts mehr zu tun. Sie können bei Vollmond anfangen oder bei Neumond, je nachdem, wie es rechnerisch gerade fällt. Im hebräischen Kalender fangen die Monate immer mit Neumond an; dieser Tag heißt der erste des Monats. Nach einer Zählung der Monde im jüdischen Kalender wird mit dem Monat Nissan begonnen. Er ist der erste Monat, sein Zeichen ist das Lamm, das männliche Lamm, also der Widder; man sagt aber Lamm. Es ist das Zeichen, das mit dem Geschehen im ersten Monat zu tun hat. Im Nissan ist Ostern, und Sie wissen, daß das Lamm eine sehr enge Beziehung zu Ostern hat.

Das Lamm, der Widder, ist das erste der vier weiblichen Zeichen, der konkreten; das zweite ist Stier, das dritte Fische und das vierte Wassermann. In der uns bekannten Astrologie liegen diese vier Zeichen auch beieinander; dort beginnt der Weg beim Stier, führt zum Lamm und am Ende dann zu Fische und Wassermann.

Nach biblischer Zeitrechnung leben wir jetzt, Ende 1981, im Jahre 5742. Nun braucht es ein wenig Mathematik. Unsere Gegenwart steht im Zeichen des Anbruchs vom Zeitalter Wassermann. Vorangegangen sind Fische und Lamm. Wenn jedes Zeitalter ca. 2150 Jahre umfaßt, dann geschah die Schöpfung irgendwann mitten im Zeichen Stier. In der Sicht aus der Welt des Seins kommt die Schöpfung im Zeichen Stier, entwickelt sich dann über Lamm und Fische zum Wassermann weiter.

Es gibt also vier Zeitalter im Weiblichen, wie es auch vier Elemente gibt — Feuer, Erde, Wasser, Luft —, oder die vier Reiche der Kabbala. Die Vierheit der konkreten Zeichen zeigt sich in einer merkwürdigen Spiegelung: Zu den beiden ersten, Lamm und Stier, treten die beiden letzten, Wassermann und Fische, also das elfte und das zwölfte Zeichen. In der Vier spiegelt sich, wie das Paradox den Widerspruch spiegelt, die Andersartigkeit der Welt aus den Zeichen Lamm und Stier auf der einen und die Welt von Fische und Wassermann auf der anderen Seite.

Immer begegnen wir diesem. Etwas spiegelt sich wie ein Paradox. Warum, wenn Leben da ist, muß Tod sein? Viel schöner, denken wir, wäre doch nur Leben. Der Mensch, das wissen wir, *kann* gesund sein; warum wird er krank? Weshalb, wenn doch Recht und Gerechtigkeit herrschen könnten, gibt es auch Unrecht und Gemeinheit? — Auch in den Tierkreiszeichen zeigt sich also das Paradox. Zwei und zwei stehen einander gegenüber; alle vier aber heißen diesseitig, konkret.

Das Paradox weiterverfolgend, könnte man von sichtbar und unsichtbar sprechen, von geschichtlich und mythologisch. Der Eintritt ins Zeitalter Fische würde dann bedeuten, daß man das Vorhergehende nicht mehr richtig versteht; es wirkt dann mythologisch und kann nurmehr in diesem Sinne verstanden werden, nicht mehr so konkret, wie man die Welt im Zeichen Fische begreift. Die für uns verständliche Weltgeschichte fängt dort erst an. Davor gibt es nur mythologische Mitteilungen. Das Totenbuch der Ägypter, das Tibetische Totenbuch oder die altindischen Lehren — wir spüren da gleich: eine andere Welt. Eine Art historischen Bewußtseins beginnt dann vor etwas mehr als 2000 Jahren. Wir empfinden das auch wie eine Zäsur.

Es heißt, die Welt entstehe im Zeichen des Stiers; aber vom Stier erscheine mit der Schöpfung nur ein Teil, der andere Teil bleibe verborgen. Rechnet man von 5742 zurück, dann ergibt sich ein Schöpfungsbeginn mitten im Zeichen Stier. Entsprechend hat auch das Stier-Zeichen im Menschen eine Bedeutung als »Geburtszeichen«: Nicht alles ist bei der Erschaffung im Dasein, ein Teil, von anderswo her, bleibt verborgen.

So hat es, glaube ich, auch einen Sinn, wenn wir bei der Besprechung der Tierkreiszeichen mit dem Stier beginnen, denn die Welt fängt konkret in diesem Zeichen an. Nun ist es merkwürdig, daß dieses Zeichen bei den hebräischen Buchstaben eine ganz besondere Rolle spielt. Es ist nämlich das erste Zeichen im hebräischen Alphabet: die Alef. Von ihm leitet sich klangmäßig Alpha her, der erste Buchstabe des griechischen Alphabets. Die Bedeutung des hebräischen Namens Alef — von »aluf«, Haupt — in der Reihe der Zeichen ist »Haupt eines Stiers«. In den alten Hieroglyphen wurde das auch so gezeichnet:

Man erkennt die beiden Hörner und das Dreieck des Kopfes. Dreht man dies um — und die Griechen haben alles umgedreht — erhalten wir:

Es ist das griechische Alpha-Zeichen, unser vertrauter erster Buchstabe.

Im selben Zeichen also, mit dem im Hebräischen die Reihe der Buchstaben beginnt, fängt auch tatsächlich die Schöpfung an. Ein Mensch im Zeichen Stier, oder mit wichtigen Aspekten in diesem Zeichen, hat in sich, daß sein Ursprung nur zum Teil konkret hier sichtbar ist. Er mag hier im Konkreten schon sehr entfaltet und wahrnehmbar sein, die Quelle dafür aber fließt von der anderen Seite her. Innerhalb der konkreten Zeichen sind Fische und Wassermann, könnte man sagen, sehr diesseitig, Lamm und Stier dagegen ziemlich jenseitig.

Im Tierkreiszeichen Stier äußert sich ein Paradox, das sich auch beim ersten der hebräischen Buchstaben zeigt. Alle zweiundzwanzig Buchstaben des hebräischen Alphabets sind Konsonanten, also auch das Zeichen Alef; die Alef aber kann eigentlich nicht ausgesprochen werden, diesen Buchstaben hört man nicht. Hörbar ist er nur, wenn er mit einem Vokal verbunden wird: Alef mit einem a ist A, mit einem e ist E, mit einem u ist U, usw. Die Alef selbst hat keinen Laut, erhält einen Laut nur durch einen Vokal.

Es bedeutet: Unser Ursprung kann, weil er nicht ganz hier ist, nicht ausgesprochen werden. Erst in der Verbindung mit einem Vokal ist er auszudrücken. Die Vokale aber haben, wie wir noch sehen werden, mit den Planeten zu tun, die in die Zeichen hineinkommen. Sie bewegen sich mal in dieser, mal in jener Richtung durch die Zeichen hindurch.

Ich möchte jetzt einen kleinen Sprung machen. Wir sagten doch, das erste Tierkreiszeichen in der anderen Astrologie sei das Lamm, also Widder. Wenn nun die Schöpfung aber im Stier beginnt, im zweiten der astrologischen Zeichen, was ist dann mit dem Lamm? Man sagt: Die Welt beginnt tatsächlich mit dem zweiten Zeichen, ihre Grundlage jedoch, ihr Fundament, auf dem sie beruht, ist das erste. Durch das Lamm kann die Welt überhaupt erst bestehen.

Im ersten Mond, im Nissan, zeigt sich das Lamm dann auch; es ist aber von vorher. So können Sie vielleicht jetzt verstehen, daß im Christentum wie im Judentum gesagt wird: Der Messias ist schon vor der Schöpfung da und erscheint dann in der Welt. Die Erlösung, die kommt, ist im Fundament schon anwesend. Ehe wir anfangen zu denken und zu empfinden, ist die Lösung, die Erlösung, schon gegeben.

Mit der Alef, dem ersten Zeichen, beginnt diese Welt. Die weiteren einundzwanzig Zeichen erzählen dann die Geschichte der Welt und des Menschen, nicht aber die des Vorher und des Jenseits. Die Schriftzeichen sind eben, wie ich schon sagte, quantitative Zeichen, Zeichen von dieser Welt hier. Man kann sie zählen.

Daher ist die Kenntnis, welche Zahl zu welchem Zeichen gehört, dem alten Wissen etwas Selbstverständliches. Und in dieser Reihenfolge, nach ihren Zahlenwerten, werden die Buchstaben plaziert. Als 1 steht die Alef am Anfang, gefolgt von der Beth, der 2, usw.

Unsere Buchstaben also sind quantitativer Ausdruck von einer Qualität in uns. Man teilt die zweiundzwanzig Zeichen der Sprache, wie die zwölf Tierkreiszeichen, in drei Gruppen ein. Die erste umfaßt die drei Urzeichen, auch Vater- oder Mutterzeichen genannt; weitere sieben, doppelte Zeichen genannt, bilden eine zweite Gruppe, und zwölf sogenannte einfache Zeichen die dritte. Zusammen also 22. Wir finden in dieser Dreiteilung von 3 — 7 — 12 auch die Dreiheit von 3 — 4 — 5 der 12 Tierkreiszeichen wieder, denn 3 + 4 ergibt die 7, und 7 + 5 die 12.

Ich sagte, es sind quantitative Zeichen. Wir können sie zählen und mit ihnen zählen. Wir sollten aber verstehen, aus diesem Zählen in die Qualität zu gelangen. Das bloße Zählen ist sinnlos; wie es auch zum Beispiel zu nichts führt, aus unserem bescheidenen Verstand heraus Vergleiche anzustellen. Das Zählen kann nur Sinn bekommen, wenn es zum Er-zählen wird; dann nämlich spricht es von Werten, die uns irgendwie beeinflussen. Dies kann aber nicht geschehen, wenn wir Wörter und Werte konstruieren. Quantitativ ist unser Rechnen und Denken, unser Empfinden aber ist qualitativ.

Kehren wir nun zurück zu Lamm und Stier. Dem Lamm entspricht, wie wir sehen, kein Schriftzeichen. Wenn die Alef nur durch die Planeten etwas bekommt, nur durch die Vokale gesprochen werden kann, so kann das Lamm überhaupt nichts bekommen. Das

Lamm schweigt gänzlich, ist eine Welt des Schweigens, ist das Fundament für alles Reden, Denken und Rechnen. Die Welt des Schweigens ist das Fundament überhaupt.

In der Stille des Menschen ist sein Fundament. Das heißt nicht, daß er nicht reden soll. Es kann, während er spricht, still in ihm sein. Die Stille ist eine Gelassenheit im Menschen, sie gibt ihm ein Wohlbefinden, eine Harmonie. Davon werden wir zu sprechen haben, wenn wir beim Zeichen Lamm anlangen. Dann nämlich kommt die Stille tatsächlich hervor, und das Zeichen des Lammes in der Bibel und in der Überlieferung erhält Farbe und Gestalt.

Vom Stier droht auch Gefahr. Er kann angreifen. Im Stierkampf ist noch ein Rest von der Bedeutung des Kampfes mit einer Ur-Kraft erhalten. Es ist die Kraft, wodurch die Welt erscheint; weil sie aber nur zum Teil bekannt ist, ist sie auch eine Gefahr, ein Abenteuer. Der Stier, der herausgefordert wird, wehrt sich. Man muß dann kämpfen können. Oder man will gerade kämpfen, und fordert ihn deshalb selbst heraus. Was sich im Stierkampf andeutet, können wir als ein Geschehen im Menschen selbst sehen: In uns ist eine Kraft, welche die Urkraft des wütenden Stiers zu bändigen vermag. Dieses Beherrschen wird vom Menschen erwartet. Dann ist er der Held, dem die Königin eine Blume oder den Fächer zuwirft.

In der Bibel und Überlieferung kennt man das Bild vom »stoßenden Stier«. Darunter werden die Risiken, Schwierigkeiten und Gefahren der Welt und des Lebens zusammengefaßt. Im Talmud gibt es einen Traktat, der »nesikim«, »Von den Schäden«, heißt; in ihm werden alle Arten von Katastrophen — Brände,

Unfälle usw. — behandelt. Es sind die Schäden, die der Stier verursacht, Geschehnisse, die man nicht verstehen kann. Aber alles muß man tun, sie einzudämmen, sie zu bändigen. Feuerlöscher müssen bereitstehen, Notausgänge Fluchtwege ermöglichen.

»Nesikim« — der Stier bringt ungeahnte Gefahren, in denen sich aber auch Geheimnisse bergen. Warum geht ein Haus in Flammen auf? Warum gibt es Lawinenunglücke? Es verweist auf den Menschen: *Im* Menschen gibt es das gleiche. Entsprechend wird der Mensch als die ganze Welt erfüllend gesehen. Der Mensch, für uns unsichtbar, ist im ganzen Kosmos da und mit ihm der Stier.

Die Tierkreiszeichen habe ich eingangs »Richtungen« genannt. Das möchte ich ein wenig erläutern. Gemeint sind damit nicht gewisse Sterne, die dadurch, daß man zwischen ihnen Verbindungslinien zieht, zum Beispiel die Form eines Stieres ergeben; da könnte man, heißt es im alten Wissen, alle möglichen Bilder herausbringen, denn es gibt unzählbar viele Sterne. Richtung wird vielmehr als ein »Einfluß« gesehen, der sich in unserer Welt des Meßbaren, des Zeiträumlichen bemerkbar macht. Dazu braucht man nicht zu messen, heißt es; verstehst du, was Richtung ist, dann könntest du auch verstehen, was der Einfluß vom Stier bedeutet.

Im Hebräischen steht für Richtung das Wort »ruach«, das auch Geist, Wind, Bewegung bedeutet. Was ist »Geist« im alten Wissen? Dasjenige, was beim Menschen das Leibliche mit dem Unermeßlichen verbindet. Ein Empfinden also, das der Mensch nicht formulieren, sondern nur spüren kann. Im Hebräischen heißt dieses Andere, das im Menschen da ist, dieses Unermeßliche, die »neschama«, die göttliche Seele. Dem gegenüber wird das Leibliche des Menschen »nefesch« genannt. Der Geist verbindet das eine mit dem Anderen. Fortwährend bringt der Geist Botschaften aus der »neschama«, aus dem Göttlichen, in das Leibliche hinein. Man könnte auch sagen: aus dem Qualitativen hinein ins Quantitative und umgekehrt. Fortwährend ist diese Bewegung da.

»Ruach«, Geist, bedeutet zeiträumlich hier: Richtung. Was Geist ist, ist unformulierbar, ist quantitativ nicht zu fassen. Hier erscheint es nur als »Richtung«, messen kann man höchstens den Winkel zum Stier. Dieser Winkel wäre dann der für uns faßbare Ausdruck von Geist zu Stier. Der Winkel zum Lamm ist ein anderer, der zu den Fischen wieder ein anderer. Wir können so also ermessen, was Geist für uns bedeutet, »wes Geistes Kind wir sind«.

Der Winkel zeigt den Einfluß Stier. Unerklärbare Schäden, die im Leben da sind, das Pech, das man hat. Aber du kämpfst mit dem Stier, wo immer er sich zeigt, du sollst der Torero sein, der Mensch, der imstande ist, mit dem Stier zu kämpfen. Du besiegst, was Stier bei dir ist, gar nichts Böses, sondern Unerklärliches, Unaussprechliches, also gerade das, was mit der Schöpfung als konkrete Welt auf dich zukommt.

Es will nicht sagen, daß es vor dem Stier keine Welt gab. Diese Welt aber, wo wir anfangen können, konkret wahrzunehmen, hat im Zeichen Stier dieses merkwürdig Unkomplette. Es stößt dir zu wie Hochwasser oder Blitzschlag, du kannst es nicht rechtfertigen, nicht erklären. Gerade der unerklärliche Zufall aber gehört zum Konkreten. Zufall kann Pech oder Glück bedeuten. Manchmal trifft es nicht dich, sondern die anderen, die dann Schaden haben, während du Glück hast. Wie hundert andere bewirbst du dich um eine Stelle und wirst angenommen. »Sehr gut«, sagst du, »Glück gehabt!« Oder das sprichwörtliche Glück in der Liebe — woher eigentlich kommt es? Unerklärlich, wie wir wissen und empfinden.

Beim Stier, im Konkreten, ist nicht alles zu berechnen. Im allgemeinen, statistisch, stimmt es, wie es die Gaußsche Kurve zeigt. Es gibt aber sehr merkwürdige extreme Situationen im Positiven wie im Negativen, da stimmt es gar nicht mehr. Warum, könnte man fragen, ist nicht alles gleich? Warum diese verschiedenen Arten? Warum der eine Mensch so, der andere so? Warum verschiedene Sprachen? Im Konkreten ist — spüren wir — eine Mannigfaltigkeit, die eine Willkür in sich trägt: der verborgene Teil des Stiers.

In der ägyptischen Mythologie spielt der Stier als Apis eine wichtige Rolle. Es zeigt, daß Ägypten auch mit diesem Stier verbunden ist, auch dieses Mysteriöse hat; es ist nicht ganz klar, eine andere Welt ist da, eine Umwandlung, im Skarabäus werden Metamorphosen gezeigt. In vier Phasen geschieht es, aber es ist nicht ganz zu verstehen.

Wenn in einem Geburtshoroskop das Zeichen Stier einen großen Einfluß hat — Modifizierungen durch andere Zeichen oder Planeten lasse ich jetzt einmal außer acht —, dann könnte man etwa so deuten: Überraschende Einfälle, ein merkwürdiges Schicksal bestimmen dieses Leben; zum Teil kommen sie aus dem Menschen selbst hervor, zum anderen Teil aber sind sie für ihn eine Herausforderung, sich damit auseinanderzusetzen. Gut fühlt er sich erst in der Auseinandersetzung, im Besiegen und Beherrschen des Stiers. Nun hängt es natürlich von vielen weiteren Konstellationen ab, ob er einer ist, der mit dem Stier kämpfen will, oder einer, der immer gleich kapituliert, weil er sich vom Stier überwältigt fühlt. Ein solcher Mensch weicht aus, verbirgt sich, wenn der Stier auf ihn losgeht. Wie aber könnte man ihm sein Leben erzählen? Mit einem »Du Armer!« ist nichts getan, abgesehen davon, daß man das zu jedem sagen könnte. Man könnte ihn aber vielleicht darauf hinweisen, daß hier ein schwacher Punkt bei ihm ist, wie man zum Beispiel auch ein schwaches Herz oder eine Anfälligkeit für Rheuma haben kann. Das braucht ein frohes und gesundes Leben nicht zu verhindern, wenn man Bescheid weiß, wie man lebt und was man tun kann und was man lassen sollte.

Der Stier kann also auch so gewaltig wirken, daß der Mensch die Neigung hat, vor ihm zu kapitulieren. Oder es kommt in seinem Leben zu Situationen, in denen der Stier übermächtig wird. Dann könnte man sagen: »Bleib besser jetzt zu Hause, laß dich auf keinen Stierkampf ein!« Es wäre aber auch denkbar, gerade dann zum Kampf zu raten, denn es kann eine Herausforderung sein, die einem Sich-messen-wollen entspringt. — Sie sehen daraus, hoffe ich, welche großartigen Variationsmöglichkeiten bestehen, und daß es sich dabei eben nicht um Fest-legungen handelt.

Eine weitere Deutung des Zeichens Stier im Menschen sagt: In meinem Ursprung bin ich so, daß ich mich nicht gut formulieren kann, wie die Alef. Ich brauche dazu die Planeten, die Vokale. Daher bin ich in meinen Formulierungen auch sehr frei, mal so, mal so. Ich bin nicht nur drängend, ich könnte mich auch sehr zurückziehen, könnte ganz lautlos werden und dabei sehr glücklich sein. Gerade auch in diesem Sinne artikuliert sich das Erste im Erscheinen. Das Ursprüngliche im Zeichen Stier möchte erkannt und anerkannt werden.

Wir sehen: Diese Astrologie gibt die Möglichkeit, etwas von unserem Sein zu erfahren. Dort kann man nicht messen, nur ein anderes Leben spüren. Man hat sich gewöhnt, dieses andere Leben in einen Bereich nach dem Tod zu verlegen, und spricht dann gern von Ewigkeit. Da stellt sich die Frage, wo Ewigkeit vorher ist. Ewig heißt doch gerade, daß es nicht irgendwo anfangen kann. Ewig bedeutet immer. Ewigkeit ist also auch während unseres Lebens. Sie wird uns aber nicht bewußt im Sinne des Vernunftgemäßen. Sie lebt aber in uns, oder wir — könnte man auch sagen — leben in ihr. Da nimmt sie Einfluß, nicht nur in der Art von Träumen, Einfällen oder Visionen, sondern auch als Sympathie oder Antipathie, Sehnsucht oder Überdruß. Das kommt aus unserem Sein, und wir können es uns nicht erklären.

Nach der Logik müßte es dir oft gut gehen, du fühlst dich aber miserabel. »Der Föhn«, sagt man dann, oder findet sonst irgendeine andere Ausrede, weil man es sich nicht erklären kann. Es gibt so vieles im Menschen, das er sich nicht erklären kann; warum aber *fühlt* er es dann? Plötzlich, wie jeder weiß, kann man sich ohne bestimmten Grund wieder sehr wohl fühlen. All das kommt, wie der Traum, aus dem Sein.

Das Zeichen Stier, von dem ich hier die ersten Konturen zu skizzieren versucht habe, enthält noch sehr viel mehr. Zum Beispiel gehören in seinen Bereich auch die biblischen Mitteilungen aus der Zeit dieses

Tierkreiszeichens. Es bleiben von den rund 5700 Jahren, wenn wir für ein Zeichen ca. 2150 Jahre nehmen, für Fische und Lamm also 4300 Jahre rechnen, 1400 Jahre übrig, die dem Weltgeschehen ab der Schöpfung im Zeichen Stier entsprechen. Der Mensch im Stier-Zeichen erlebt dieses Geschehen. Er erlebt nicht nur, was biblisch erzählt wird, sondern auch das, was die Überlieferungen dazu mitteilen. Alles das ist Material zur Interpretation des Stier-Zeichens im Menschen, in der Welt, im Körper. Die Zusammenhänge zeigen sich überall.

Zeitlich gemessen folgt dann als zweites der Tierkreiszeichen das Lamm. Es bedeutet — ich habe schon darauf hingewiesen —: Das Lamm, der Reihenfolge nach *vor* dem Stier stehend, zeigt sich, erscheint. Die Welt nimmt eine andere Richtung, als die, in der wir zählen. Wir zählen 1 — 2 — 3 . . . , hier aber geht es 2 — 1 — 12 — 11, also auf ganz andere Art. Was vorher an der Reihe wäre, das Lamm, erscheint jetzt. Dies ist das Geschehen der Erlösung: Vorher schon ist sie da, und dann erscheint sie wieder hier. Der Messias, heißt es, ist von Anfang an zur Rechten Gottes. Entsprechend gilt auch beim Menschen: Was erscheint, ist von vorher schon da.

ZWEITES KAPITEL

Biblische Zeitmessung · Die Zweiheit als »Gefangenschaft in Ägypten« · Die Ur-Einheit des Menschen im Zeichen Widder · Erlösung als Frucht der Hingabe · Vom Sieg der Wehrlosigkeit · Die Sehnsucht zum Ursprung · Der Widder an der Stelle des Sohnes · Die Begegnung mit den Fischern · Leben in der Zeit und der Fischfang · Der Zaddik · Der Fisch bewahrt das Geheimnis

Ich möchte noch einmal auf die biblische Zeitmessung zurückkommen. Das alte Wissen geht davon aus, daß die Welt, wie sie für uns erscheint — und zwar im absoluten Sinn, also nicht entsprechend unserer räumlichen und zeitlichen Wahrnehmungsmöglichkeit —, im Zeichen Stier entstanden ist. Nach biblischer Rechnung ist die Welt jetzt 5742 Jahre alt. Dabei handelt es sich ebenfalls um eine absolute Zählung. Man kann diese Jahre nicht als ein Kontinuum betrachten, das unserer Art der Erfahrung von Zeit entspricht.

Es fällt auf, daß in der Bibel auch nie mit größeren Zeitabständen gerechnet wird. Es ist dort immer zum Beispiel vom soundsovielten Jahr der Herrschaft eines König die Rede; oder es werden 480 Jahre nach dem Auszug aus Ägypten angegeben. Nirgends aber steht, wann der Auszug — vom Schöpfungsbeginn an gerechnet — stattfand, obwohl sich das nach den angegebenen Altern der Generationen ungefähr berechnen ließe.

Die jüdische Überlieferung gibt eine Möglichkeit des exakten Berechnens; exakt aber bedeutet dort nicht ein einfaches Addieren dieser und jener Jahre. Jahre sind im biblischen Geschehen oft unvergleichbare Größen und drücken, obwohl sie einfach Jahre genannt werden, völlig andere Erfahrungen aus. Dieses Andere ist quantitativ auch in Millionen Jahren nicht faßbar; es kann länger oder kürzer sein, man kann es eben gar nicht messen. Es ergibt auch wenig Sinn, der Bibel eine Art Unaufmerksamkeit zu unterstellen, eine Unfähigkeit, Jahre zusammenzuzählen, zumal die sonstige Exaktheit vieler Mitteilungen dazu in auffälligem Widerspruch steht.

Wenn also gesagt wird, daß die Welt im Zeichen Stier entstanden ist, so gilt dies unter der Voraussetzung mehrerer Diskontinuen in der Zeit. Aus dieser Sicht steht das Zeichen Stier tatsächlich am Beginn der ganzen Welt- und Menschengeschichte. Danach folgt, wie unsere exakte Zeitberechnung zeigt, das Zeichen Aries, Widder. Eigentlich aber ist es das erste Zeichen, denn die Reihenfolge lautet: Aries, Taurus, Gemini usw. Die biblische Zeitmessung nun, ausgehend vom Punkt, an dem die Zeit mit der Schöpfung in Erscheinung tritt, kennt die Reihenfolge: Taurus, Aries, Pisces, Aquarius. Biblisch bewegt es sich also zurück. Es sind zwei einander entgegengesetzte Bewegungen. Wirklichkeit und Zeit sind niemals eindeutig aufzufassen. In allem, was wir erleben, ist auch die Gegenrichtung enthalten. Möglicherweise entstammt der Gedanke der Physiker, der Materie gegenüber von Anti-Materie zu sprechen, der gleichen Empfindung.

Im alten Wissen gilt der Grundsatz, daß eine eindeutige Erklärung eine falsche Erklärung ist. Alles beruht auf zwei Bewegungen, die einander entgegengesetzt sind. Entsprechend sehen wir, daß das als zweites Zeichen in der Zeit folgende Lamm eigentlich schon vor dem Stier steht. Wenn schon die Alef, sagt man, das erste Zeichen im hebräischen Alphabet, obwohl Konsonant, lautlos ist, sich nicht ausdrücken kann, dann ist Aries, das Lamm, sozusagen um eine Potenz höher nicht ausdrückbar, also kaum überhaupt zu empfinden. Es ist Grund eines Grundes, wobei der Grund selbst schon unausdrückbar ist.

Vom Lamm, dem ersten der vier weiblichen, der vier konkreten Zeichen wird gesagt, daß es nicht zu fassen ist. Ausdrücklich spricht die Bibel vom Lamm zum ersten Mal dort, wo der Auszug aus Ägypten stattfindet; jeder, heißt es, nehme ein Lamm in sein Haus. »Haus« aber ist der Name des zweiten Buchstabens im hebräischen Alphabet, des Beth, des Zeichens für die 2. Nach dem Ursprung im Unausdrückbaren, im Nicht-in-Worte-zu-bringenden, erscheint in unserer Zeitreihenfolge die Beth, das Haus, die 2. Alles also, was erscheint, trägt hier diese Zweiheit in sich und wirft damit gleich eine Frage auf: Warum Leben und Tod, Glück und Unglück? Zugleich mit dem hier Erscheinenden tritt die Frage auf: Was bedeutet das? Diese Zweiheit einer Bewegung nach rechts und einer Bewegung nach links manifestiert sich dann im Bild des nächsten Tierkreiszeichens, der Fische. Es zeigt doch einen Fisch nach rechts schwimmend und einen nach links schwimmend: beide einander gegenüber und doch irgendwie verbunden.

Die Beth, das Haus, bedeutet: Es gibt in unserem

Leben immer ein Innen und ein Außen. Vom Innerlichen weiß man nichts, aber man kann es fühlen, das Äußere dagegen kann man sehen und wahrnehmen. Der konkreten Welt, die sich messen läßt, steht eine Welt gegenüber, bei der man spürt, daß sie sich jedem Messen entzieht. Sie ist im Prinzip unermeßlich, unfaßbar.

Ich bin imstande, mich klar und präzis auszudrükken. Gleichzeitig weiß ich, daß ein Teil der Zuhörer mich nicht verstehen wird. Auch wenn ich schweige, wird ein Teil mich mißverstehen. Ich kann also auf keine Weise eindeutig herausfinden, wie es sich mit Verstehen und Mißverstehen verhält. Die Zweiheit von Sichtbarem und Verborgenem ist immer im Menschen. Im Haus, das man bewohnt, kennt man ein intimes Innen. Dem steht ein fremdes, vielleicht sogar erschreckendes Außen gegenüber. Man kann sich vor dem Außen fürchten, man kann sich aber auch danach sehnen. Jedenfalls ist es ein Anderes.

Die alles Leben beherrschende Zweiheit drückt sich auch in den zwei Genealogien des Messias aus. Die Überlieferung spricht vom Messias, dem Sohn des Joseph, und vom Messias, dem Sohn Davids; beide aber, wird immer wieder betont, sind Einer. Der eine, sagt man, geht unter, stirbt hier, der andere siegt hier — und doch ist es der gleiche. Wir begegnen diesem Paradox auch im Neuen Testament. Dort werden zwei Herkunftsreihen von Jesu genannt (Matthäus 1, 1-17; Lukas 3, 23-38). Man könnte sich fragen, ob das denn nicht irgendwie korrigierbar sei. Wir spüren aber, daß hier *im Prinzip* etwas verschieden ist. Diese Zweiheit ist es, die uns fortwährend stört und verwirrt.

Man nennt sie auch die »Gefangenschaft in Ägypten«. »Mizrajim«, das hebräische Wort für Ägypten, hat die etymologische Bedeutung: Leiden, in dem man Form ist durch die Zweiheit. Der Mensch selbst also lebt in dieser Knechtschaft der Zweiheit. Er tut zwar sein Bestes und schenkt sich ganz hin — der andere aber versteht ihn nicht. Ebenso geht es dem anderen, der zum Beispiel gern sympathisch gefunden werden möchte, aber auf Gleichgültigkeit oder Antipathie stößt. Man sucht eine Sache und findet sie nicht, eine andere, die man nicht sucht, kommt gleich vor Augen. Wir spüren, hier im Konkreten stimmt es nicht überein. Woher kommt, was man findet, und warum verbirgt sich das andere?

Die Zweiheit, in der wir leiden, wird das »Exil« des Menschen genannt. Dort fühlt er sich unwohl. Gerade dort aber, wird erzählt, kommt das Lamm, das männliche Lamm, dieser Widder. Der Mensch im Zeichen Widder, könnten wir sagen, hat die Möglichkeit, als eine Ur-Einheit, als Vor-Einheit in der Zweiheit zu erscheinen. Sein Leben läßt diese Ur-Einheit hervortreten, bringt sie in der Welt zur Erscheinung. Auch im Weltgeschehen tritt im Zeitalter des Widders etwas von dieser Ur-Einheit zutage.

Wir verstehen jetzt auch das Zeichen des Lammes im Neuen Testament etwas besser: Es bringt doch die Erlösung aus einer Knechtschaft, aus einer Dunkelheit. Im alten Wissen macht man keine Trennung zwischen biblischem Geschehen und Astrologie. Daher findet in diesem Wissen ein ständiges Über-setzen der Zeichen und Geschichten in die Wirklichkeit des Menschen statt. Wer den Widder im Horoskop an wichtiger Stelle hat, der, sagt man, begegnet im Leben, in seinem Exil, dem Lamm, das zu seiner Befreiung kommt.

Aber der Mensch im Zeichen Widder erhält nicht nur diese Erlösungsbotschaft. Wo die Bibel vom Auszug aus Ägypten erzählt, wird ausdrücklich darauf hingewiesen, daß der Auszug nicht etwas sei, das man selbst bewerkstelligen könne. Es handelt sich dabei eben nicht um den Sieg einer Majorität, die sich stark genug fühlt und daher auszuziehen beschließt, sondern der Auszug kommt durch das Eingreifen einer anderen Wirklichkeit zustande. Das Andere befreit.

Man sagt deshalb, der Mensch im Widder-Zeichen versagt, wenn er logisch, wenn er auf kausalem Wege befreien, erklären, erlösen will. Dann kommt er nicht durch, rennt mit dem Kopf gegen die Wand. Er kann nur in einer Art von Hingabe darauf warten, daß die andere Welt — Gott selbst — nach Ägypten hinabsteigt. Gott sagt: Ich selbst führe euch hinaus, ihr sollt drinnen bleiben. Und es heißt auch: Wer hinausgeht, — also helfen, mitwirken will —, geht in Ägypten, geht in der Zweiheit unter.

Aries im Menschen ist das Erlebnis: Es kommt; ich bin bereit, dann tritt es ein. Die Lösung hängt nicht von meinen Berechnungen, von meinen Leistungen ab. Es bedeutet eine Hingabe, eine Sehnsucht und dann ein Erfahren, daß es gerade dadurch eintritt. Wenn der Mensch im Widder dieses Bereitsein lebt, kommt ihm plötzlich der rettende Einfall oder eine Hilfe von außen. Das Unerwartete geschieht, etwas ganz anderes, als man gedacht hatte; ersehnt aber wurde es, erhofft. Auf normale Art jedoch war es nicht zu erlangen. Da rannte man immer nur mit dem Kopf gegen die Wand, kam nicht durch. Im Augenblick der Hingabe aber geschah es.

Die Bibel erzählt, daß das Volk Israel sich nach der

Erlösung aus Ägypten sehnt; es seufzt, es klagt, erträgt's einfach nicht mehr. Da erhält es die Mitteilung: Nimm das Lamm ins Haus. Entsprechend geschieht es auch im Menschen. Gerade wenn er am Verzweifeln ist, fühlt er: Eigentlich kann ich mich nur hingeben. Das ist die Stärke des Aries-Menschen. Sie bedeutet Erlösung. Du steckst in einem Dilemma und kommst nicht heraus, du fühlst, wie es sein könnte, siehst aber keinen Weg — da kommt plötzlich der Einfall, die Lösung. »Wie kam ich da jetzt drauf?« frägst du dich, und auf einmal geht's. Das ist es.

Wir sollten dies auch im alltäglichen Leben sehen, in der Familie, in der Gruppe, im Betrieb. Da gibt es oft Mißverständnisse, man leidet, es sieht hoffnungslos aus, man gibt es auf, weiter um eine Lösung sich zu bemühen. Da ändert sich plötzlich die Situation. Man zieht in eine neue Wohnung oder bekommt einen neuen Chef. Etwas anderes bricht plötzlich durch, und man fühlt: Hätte man davon vorher etwas wissen können — die ganze Aufregung wäre unnötig gewesen.

Wir haben schon vom Lamm als Ur-Grund gesprochen. Die Welt erscheint doch erst, wenn Taurus längst »in Betrieb« ist, Aries demgegenüber ferne Vergangenheit bedeutet. So lebt im Aries-Menschen die Sehnsucht nach dem Zuhause. Deshalb soll man ihn nie zu analysieren versuchen. Er wird sich nämlich immer entziehen, voller Überraschungen sein. Eher sollte man ihm in der Erwartung von Überraschungen begegnen. Solchen oder solchen — er selbst wird ja von anderen Kräften her geleitet. Man kann nicht erkennen, woher sie kommen.

Den Grund herausbekommen — beim Stier sahen

wir schon, daß es sehr schwer ist; beim Lamm ist es unmöglich. Da zeigt sich das Unerwartete, das Überraschende nach außen hin als schwach und machtlos. Es ist aber ein Sieg — durch die Hingabe, das Schwache siegt. Man kann seine Wehrlosigkeit und Schwäche bewußt nie zum Sieg bringen; unbewußt aber geschieht es im Zeichen des Lammes. Dort spielt sich in der Hingabe und Schwäche etwas ab, wodurch gerade das Starke durchbrechen kann, das Unerwartete, denn man erwartet dies nicht vom Lamm.

In den Deutungen, die von diesem Zeichen im alten Wissen gegeben werden, steht zentral das Unglaubliche, das entgegen jeder Erwartung doch eintritt. Es geschieht nur durch die Hingabe. Sobald ein Widder zu kämpfen beginnt, also Macht einsetzt, passiert es eben nicht. Dann verwechselt er sich sozusagen mit einem ganz anderen Zeichen, das wir später besprechen werden, mit Capricornus, Steinbock, dem zehnten Zeichen. Da scheint man kämpfen zu können und kämpfen zu sollen.

Es stehen sich also das erste und das zehnte Zeichen als Gegensatz gegenüber. Wir werden noch sehen, daß diese Zehnzahl sehr wichtig ist, denn die zwölf Tierkreiszeichen lassen sich auch in zehn zusammenfassen. Andererseits aber können sie auch als zwölf mit einem Dreizehnten gesehen werden. Merkwürdigerweise kennt man Entsprechendes auch bei den Planeten. Mit Sonne und Mond werden sieben genannt; wir wissen aber auch, daß es noch drei weitere gibt, also zehn insgesamt. Das alte Wissen spricht nun hier von nochmals zwei beziehungsweise drei weiteren, also von zwölf mit einem dreizehnten. Ich deute das jetzt schon an, damit Sie nicht eines vom anderen getrennt sehen, sondern eine Ahnung davon bekommen, daß die Zeichen, die Planeten, die Berechnungen und die Situationen alle in einem großen Zusammenhang stehen, in einer Harmonie, ein Mosaik bilden, bei dem man spürt: So ist es *ganz* und *stimmt.*

Im Zeichen Lamm also wirkt die Hingabe, wodurch das Unerwartete geschieht. Fängt man hier an, mit Kraft zu kämpfen, gerät man auf Abwege. In gewissem Sinn könnte das der Steinbock, für ihn wäre es da und dort angemessen. Kennst du einen Aries-Menschen und müßtest du ihm einen Rat geben, dann sage — heißt es im alten Wissen — etwa: »Ich würde einfach warten«, oder »Gib lieber nach«, oder »Tu, was man von dir verlangt«; dann nämlich könnte plötzlich die Wende eintreten, dann könnte Kraft kommen oder Einsicht oder Mitleid, etwas also, daß im Durchsetzen- und Recht-bekommen-wollen unerreichbar bleibt.

Die Gefahr im Zeichen Widder liegt darin, daß man sich mit dem zehnten Zeichen verwechselt, daß man steigen und kämpfen will. Im Zehnten aber herrschen ganz andere Verhältnisse, nicht bessere oder schlechtere, sondern andere. Kein Zeichen ist gut oder schlecht, jedes Zeichen hat beide Seiten.

Die Tiere, welche die Bibel als Opfertiere vorsieht, tragen Hörner. Unter den Tierkreiszeichen sind es Widder, Stier und Steinbock, also erstes, zweites und zehntes Zeichen. Darin zeigt sich ein wichtiger Zusammenhang. — Was bedeutet Opfer? Im Hebräischen lautet der Ausdruck dafür »korban«, der mit »näherkommen«, »näherbringen«, »sich nähern« übersetzt werden kann. Gemeint ist, daß man seinem Ursprung, dem Himmel, dem Vater näherkommt. Der Weg des Menschen ist der Weg zu seinem Ursprung. Wollte man es ganz konkret ausdrücken, könnte man auch sagen, daß es der Weg zu sich selbst ist, ein Sich-selbst-kennenlernen. Der Mensch als »Kind Gottes« erfährt sich selbst, wenn er zum Vater kommt.

Das Opfertier, das in der Bibel am meisten genannt wird, ist das Lamm. Der Mensch in diesem Zeichen kommt gern seinem Ursprung näher. Er sucht das, er bietet sich dazu dar. Von einem Bauern habe ich einmal gehört, daß es eigentlich traurig sei, ein Lamm zu schlachten. Es schaut nur, weint vielleicht und läßt sich töten. Ein Stier dagegen kämpft, versucht sich loszureißen. Eine Ziege beginnt zu bocken und zu stoßen. Es mag also sein, daß hier im Äußersten, im Konkreten, auch zu spüren ist, daß ein Lamm gern näherkommen will.

Die Sehnsucht zum Ursprung äußert sich in der Frage: Wer bin ich? Woher komme ich? Das ist mit dem Sich-opfern-wollen gemeint und nicht etwa ein Sich-hinopfern im Sinne eines Sich-streichens. Man möchte sich selbst immer klarer, immer vollkommener dort haben, woher man kommt: Ein Wiedererkennen im Ursprung.

Ein weiterer Aspekt dieses Zeichens wird in der biblischen Erzählung von der Opferung Isaaks entfaltet. Dort erscheint der Widder in dem Augenblick, als Abraham seinen Sohn opfern will. Mit »opfern« ist also nicht »töten« in unserem Sinne gemeint, sondern ein Von-dieser-Welt-weg-zum-Ursprung-näherbringen; das könnte dann auch bedeuten, daß man hier verschwindet. Im Hebräischen steht an der Stelle, wo Gott dem Abraham aufträgt, seinen Sohn, den Erstgeborenen zu bringen, der Ausdruck »ola«, meist mit »Ganzopfer« übersetzt. »Ola« kommt von »al«, »ole«, »aufsteigen«. Gott sagt dem Abraham also, er solle ihn »aufsteigen« lassen. Das ist der Aufstieg des Menschen von dieser Wirklichkeit in eine andere.

Nun hatte doch aber Gott dem Abraham für dieses Leben hier einen Sohn versprochen, der ewig wäre; dein Same wird hier ewig leben, lautet das Versprechen. Abraham sieht sich einem Paradox gegenüber. Der Sohn, den er sich kaum mehr zu erhoffen wagte — nach irdischem Begriff unmöglich, daß er noch käme —, kam tatsächlich. Und diesen Sohn nun fordert Gott: Bring ihn hinauf zu mir! Wie kann er, wenn Gott ihn wegnimmt, ewig sein?

Der Verlauf dieser biblischen Opfergeschichte zeigt, daß Abraham »den Weg geht«, wie man sagt. Er geht den Weg im Paradox. Wie wir eigentlich alle im fortwährenden Paradox leben. Wir glauben doch, auch wenn wir älter und älter werden, daß wir bleiben; andererseits wissen wir — die Todesanzeigen erinnern uns täglich daran —, daß es hier ein Ende gibt für uns. Beide Gefühle sind uns vertraut und man lebt mit beiden. Merkwürdigerweise aber glaubt jeder Mensch doch eigentlich, daß er weiterlebt; er fühlt: Es kann nicht stimmen, daß man nur kurz hier ist, und nachher sei alles vorbei.

Es kommt der Moment, wo Abraham zum »Messer« greift, um den Sohn zu »schlachten«. Es ist — ich wies schon darauf hin — kein Töten gemeint, wie wir es hier im Irdischen kennen; es bedeutet ein Unterbrechen des Kreis-Laufs im Menschen, wodurch der Kopf vom Rumpf getrennt wird, ein Verschwinden aus dem Erscheinenden. In diesem Augenblick ist plötzlich ein Widder da, ein männliches Lamm, und tritt an die Stelle des Sohnes.

Das Lamm gibt die Erklärung. An der Stelle des Sohnes offenbart es das Wunder dieses Zeichens, des Ur-Grundes der Schöpfung. Im Ur-Grund der Welt manifestiert sich etwas, das sagt: Wenn du glaubst, daß du stirbst, zeigt sich das Lamm; in diesem Zeichen steigt etwas hinauf. Indem es hier verschwindet, erscheint es, könnte man sagen, auf andere Art. Der Widder, der an Isaaks Stelle tritt, gibt uns einen entscheidenden Hinweis auf die Bedeutung des astrologischen Zeichens. Der Mensch nämlich, der von seiner Sehnsucht gezogen aufsteigen will und glaubt, damit die Erde verlassen zu müssen, erhält die überraschende Mitteilung: Der Ur-Grund des Ganzen ist anders als du glaubst; wegen deines zeiträumlichen Empfindens siehst du nur ein Entweder-Oder, im Ur-Grund aber gibt es beides zu gleicher Zeit, ein Entweder-und-Oder.

Der Mensch erfährt dann, daß die Verheißung des Samens, der ewig da ist, nur hier in Zeit und Raum, wo doch alles weggeht, unverständlich klingt. Ist er aber, wie Abraham und Isaak, den Berg Moria hinaufgestiegen — der Name des Berges bedeutet »lehren«, »unterrichten« —, bekommt er die Erklärung. Dort sieht er, daß es Dieses *und* Jenes gibt.

Aus dem Neuen Testament kennen wir die Frage der Sadduzäer (Matthäus 22, 23-33). Wie ist das, sagen sie zu Jesus, wenn eine Frau sieben Männer nacheinander hatte, mit welchem von ihnen wird sie im Jenseits leben? Sie spüren schon: Die Frage zielt auf ein Entweder-Oder. Die Antwort Jesu zeigt, daß es für das Jenseits eine unsinnige Frage ist. Dort kann man nicht messen, dort ist alles zugleich da: Dieses und Jenes. Jenseitig ist man an allen Orten, mit allen Menschen und allen Dingen gleichzeitig zusammen; dort gelten die Gesetze der Kausalität nicht.

Das Zeichen Lamm im Menschen drückt das aus. Wer es dominierend in seinem Geburtshoroskop hat, könnte leicht erfahren, daß es so ist. Und da in jedem Menschen alle zwölf Zeichen wirken, ist auch in jedem diese Facette gegenwärtig. Jeder hat die Möglichkeit, es zu verstehen. Auch wenn er es verdrängt, ausschließt — da ist es doch, verschüttet vielleicht, aber anwesend.

Wir haben schon von der Reihenfolge der vier weiblichen Zeichen gesprochen und dabei gesehen, daß es sich nicht um eine logische Sequenz handelt. Nach den ersten beiden Zeichen springt es plötzlich hinüber zu den beiden letzten: Lamm und Stier stehen Fische und Wassermann gegenüber. Eine Zweiheit also auch im Konkreten, die wir als Licht und Dunkel, Rechts und Links, Einatmen und Ausatmen ständig erfahren. Die konkreten Zeichen bilden kein Kontinuum von vier, sondern zwei gegenüber zwei. Es ist der Widerspruch unserer konkreten Welt.

Entsprechend wird auch gesagt, daß die Welt im Zeichen von Lamm und Stier nicht so ohne weiteres mit der Welt von Fische und Wassermann zu vergleichen ist. Dazwischen ist etwas gebrochen. Im Neuen Testament ist vom Zerreißen des Vorhangs, vom Beben der Erde und von der Finsternis die Rede. Etwas ist abgebrochen, übergesprungen zu einer anderen Seite.

Man könnte sagen: Alles, was wir als mythisch empfinden, gehört zu Aries und Taurus; was nachher kommt, ist für uns in etwa historisch, geographisch und naturwissenschaftlich faßbar. Was in den Zeichen Aries und Taurus in der Welt geschah, kann nur durch Symbole, kann nur esoterisch verstanden werden. So ist zum Beispiel die Bibel, wie auch die anderen heiligen Schriften der alten Kulturen, mit unseren historischen und kausalen Maßstäben nicht zu verstehen; eigentlich kann man sie nur als etwas Unbegreifliches empfinden.

Der Mensch in den Zeichen von Lamm und Stier steht auf der mythologischen Seite dem Menschen von Fische und Wassermann gegenüber. Es kommt jetzt etwas anderes. Natürlich sind Fische-Menschen nun nicht plötzlich nur kausalitätsbesessen und naturwissenschaftlich. Ihrer Plazierung nach aber gehören sie in eine faßbare diesseitige Welt. Das ist ihr Ort in der Vierheit der konkreten Zeichen.

Wir erfahren das auch in der Welt. Mit den Fischen fängt für uns, könnte man sagen, die reale Geschichte an, die für uns verständliche. In dieser Geschichtsschreibung kommen keine Engel mehr vor, die einen bei der Hand nehmen und ins Paradies schauen lassen, sondern römische Feldherren, die Provinzen erobern und Gesetze erlassen. Im Zeichen Fische beginnt ein neues Zeitalter. Man kann die Mythen jetzt nicht mehr richtig verstehen. Höchstens auf symbolische Art, als Archetypen, irgendwie noch im Traum, aber nicht mehr wirklich. An der Grenze, wo das Neue Testament beginnt, erfolgt auch die Begegnung mit den Fischern. Wenn wir davon am Beginn des Matthäusevangeliums lesen, könnten wir uns fragen: Warum ausgerechnet Fischer? Warum nicht Jäger oder Soldaten? Und auch im weiteren Verlauf spielen Fische und Fischer immer wieder eine wichtige Rolle.

Das Neue Testament erzählt auch auffällig oft von Zöllnern und Dirnen. Warum eine so einseitige Auswahl? Soziologische Erklärungen dafür führen kaum weiter. Wie die Fischer, sind Zöllner und Dirne Ausdruck eines Zeitalters, in dem etwas ganz Neues geschieht. Der Zöllner kassiert Geld von dir, er möchte für dein Sein hier etwas bekommen. Die Dirne kennt nicht *einen* Herrn; mal ist sie mit dem, mal mit einem anderen. Sie irrt umher, ist nicht zu Hause.

Was tun die Fischer? Sie gehen auf Fischfang. Davon ist einige Male im Neuen Testament die Rede. Es werden auch Zahlen von Fischen bei der Speisung genannt. Die Fische treten gerade beim Übergang von einem Zeitalter zum andern in den Vordergrund. Bis heute kennt man in der katholischen Kirche den Fischerring oder die Bischofsmütze in der Fischform.

Die Fischer wollen die Fische fangen. Die möchten aber gar nicht gerne gefangen werden, denn sie fühlen sich dort, wo sie sind, sehr wohl. »Wie ein Fisch im Wasser«, sagt das Sprichwort. Auf dem Trockenen zappelt der Fisch hilflos herum, das mag er gar nicht. Nun kennen wir aber auch den merkwürdigen Ausdruck, den Jakob beim Segen über Ephraim und Menasche, die Söhne Josephs, gebraucht; wörtlich übersetzt aus dem Hebräischen lautet er: »Mehret euch wie Fische in der Mitte des Landes!« Ein Segen also für gefangene Fische auf dem Trockenen. Was soll das bedeuten?

Wasser, wie es als Fluß, See oder Meer erscheint, ist hier im Konkreten ein Ausdruck für das, was der Mensch in seinem Empfinden als Zeit erlebt. Für das alte Wissen sind Wasser und Zeit identisch: Was auf der einen Ebene als Wasser in Erscheinung tritt, *ist* auf der anderen Ebene Zeit. »Mem«, das hebräische Wort für Wasser, ist als Buchstabe im Alphabet der Zahlenbegriff Vierzig. In der Bibel wird Zeit immer als Wasser ausgedrückt, also mit dem Begriff Vierzig. Oft lesen wir in der Bibel von vierzig Tagen oder vierzig Jahren oder zehn mal vierzig, also vierhundert Jahren. Damit sind nicht Summen von Tagen oder Jahren gemeint, wie wir sie kalendermäßig erfassen können, sondern es bedeutet die Zeit überhaupt. Es will sagen, daß es in Zeit und Raum geschah, nicht außerhalb davon. Der Begriff Vierzig ist das Leben in Zeit und Raum.

Im alten Wissen gibt es zum Beispiel auch die Mitteilung, daß man jemanden erst in der Kabbala unterrichten kann, wenn er vierzig ist. Es bedeutet nicht, daß er erst ab seinem vierzigsten Geburtstag diese Dinge verstehen kann, sondern vierzig meint: Er hat Zeit und Raum durchschritten, ist also kein Gefangener mehr in Zeit und Raum; jetzt könnte er aus dem Wasser herausgefischt werden.

Fischfang bedeutet: Die Menschen werden aus Zeit und Raum herausgeholt und können nun ein anderes Leben sehen, das die Fischer ihnen zeigen. Was die Überlieferung erzählt, kann man niemals experimentell in Zeit und Raum finden, denn da bewegt man sich nur wie ein Fisch im Aquarium im Kreis herum und kommt nicht heraus. Die Mitteilungen der Überlieferung sind von außerhalb von Zeit und Raum. Indem man sie hört und vernimmt, weiß man auch, was sie bedeuten. Kabbala kann man daher nicht erklären, sondern nur erleben. Das Verstehen kommt aus dem Erleben und nicht von intellektuellem Studieren.

Was ist das Erleben? Ein Gefühl des Sich-hingebenkönnens. In der Hingabe versteht man. Dann liest man gern die Bücher der Kabbala und hat dabei große Freude und staunt. Mit intellektueller Anstrengung erreicht man das Andere nicht; wohl aber kann man vom Anderen her das Intellektuelle sehr klar beherrschen. Das ist mit den vierzig Jahren gemeint.

Im Tierkreiszeichen Fische lebt der Mensch in der Zeit. Das vierte konkrete Zeichen, Wassermann, heißt im Hebräischen »dli«, »Eimer«. Es ist der Eimer, mit mit dem das Wasser geschöpft und ausgegossen wird. Zeit also, worin wir leben, wird etwas, das wir handhaben können. Wir schütten die Zeit aus. Eines der Worte für erlösen, »dlia«, bedeutet wörtlich »eimern« oder »schöpfen«: den Menschen mit dem Eimer, der das Wasser ausschöpfen kann, herausholen. Im Zeichen Wassermann geschieht die Erlösung des Menschen aus dem Exil. Man vergleiche u. a. Psalm 30,2.

Beide Zeichen haben, wie wir sehen, mit dem Wasser zu tun. Beim einen, beim Leben im Wasser, spielt der Fischer eine entscheidende Rolle, beim anderen ist das Ausgießen des Wassers wichtig. Das Weggießen nun ist kein einmaliger Vorgang in dem Sinne, daß man es dann los wäre, sondern ein fortwährendes Geschehen im Menschen. Etwas im Menschen ist dazu imstande und erfährt dabei, was Erlösung bedeutet; Erlösung auch im Sinne der Befreiung aus eigenem inneren Zwang, wo man sich im Kausalen von Zeit und Raum gefangen fühlt und gern herauskommen möchte.

Von Zeit und Raum kann der Mensch sich nicht freikämpfen, denn er wünscht sich doch, daß es dauert. Aber Geduld könnte er haben, Gelassenheit. Entscheidend ist nicht, wann die Befreiung, sondern daß sie kommt. Und der Raum trennt nicht nur, er verbindet doch auch. Die Gefahr liegt hier im Zwang des Menschen sich abzugrenzen, indem er das Andere ausgrenzt. Hinsichtlich der Zeit aber ist er in Angst, was geschehen wird. Immer die Unsicherheit: Was wird kommen und wie wird es kommen? Diese Zwangssituation wird im Zeichen Wassermann gelöst, weil das Wasser nun ausgegossen werden kann.

Das Zeitalter der Fische aber hat die Geschichte vom Fischer mitbekommen, wie sie im Neuen Testament erzählt wird und wie sie auch die jüdische Überlieferung kennt. Es ist die Zeit des Zaddik. Das Wort übersetzt man gern mit »der Gerechte«, es ist aber verwandt mit dem hebräischen »zade«, »Angelhaken«. Zaddik ist also auch das im Menschen, was ihn aus dem Wasser herausfischen kann; oder derjenige, der dazu bei anderen Menschen imstande ist. Das Wasser bleibt, aber der Mensch kann dann ein Leben außerhalb des Wassers erleben, die Sonne, die Landschaft, den Himmel wirklich sehen.

Vorher verwechselte er die Oberfläche des Wassers mit dem Himmel. Plötzlich spürt er den Durchbruch in eine andere Wirklichkeit. Dort kann er wie ein Fisch auf dem Land leben. Von seiner Konzeption bis zur Geburt erlebt der Mensch ein Stadium, das dem des Fisches ähnlich ist: ein Fischleben. Es heißt, daß er während dieser neun Monde — 271 Tage sagt die Überlieferung — alle zwölf Tierkreiszeichen im Verborgenen des Mutterleibes durchläuft. Er erlebt vor der Geburt das gleiche wie nachher. Es gibt auch eine Astrologie, die sich mit dieser Zeit des Menschen befaßt.

Die Zeit bis zur Geburt, für die ein eigenes Horoskop gilt, bestimmt manches im späteren Leben des Menschen. Die heutige Psychologie bestätigt das. Streit während dieser Zeit zwischen Vater und Mutter oder deren Harmonie beeinflußt das Leben des Kindes. Das Kind ist während der Schwangerschaft ein Teil der Eltern, nicht nur der Mutter, auch des Vaters.

Der Mensch im Zeichen Fische lebt in der Zeit und spürt in der Zeit eine Dualität. Im Symbolzeichen schwimmen die beiden Fische ja auch, wie ich schon sagte, in entgegengesetzter Richtung. In der Zeit lebend spürt man, daß es hier nicht eindeutig ist, nicht nur in einer Richtung verläuft. Es ist ein Gegenüberstehen: So kommt es und so geht es. Beide Seiten sind da und gelten.

Es besteht aber zwischen dieser Gegenrichtung eine Verbindung, wie es auch alte Darstellungen des Fische-Zeichens zeigen, wo vom Mund des einen zum Mund des anderen eine Verbindung geht. Für den Menschen aber ist sie unverständlich. Er sehnt sich vielmehr in diesem Zeichen sehr nach dem Fischer, möchte gern dem Zaddik begegnen. Ich meine damit nicht irgendeinen Menschen, der sich so nennt, sondern den Zaddik im eigenen Leben und Erlebnis. Man sehnt sich nach der Befreiung aus dem Paradox in der Zeit.

Im jüdischen Brauch fängt der Sabbat, der siebte Tag, mit einer Fischmahlzeit an. Es sind die aus dem Wasser gefangenen, aus der Zeit erlösten Fische. Auch im Sabbat, will das sagen, bist du erlöst, vom Zwang befreit, erlebst die Freude. Wir werden, wenn wir vom Saturn, dem Planeten des siebten Tages, sprechen, darauf zurückkommen.

Fische-Menschen sehnen sich herauszukommen, durchzublicken. Vereinfacht gesagt: Man sehnt sich in diesem Zeichen nach Mystik, man möchte herausgefischt werden, wartet auf die Fischer. Die Fischer sind schon da, stehen am Anfang dieser Zeit, wie es im Neuen Testament erzählt wird. Ein Mensch im Zeichen Fische hat diese Sehnsucht und erfährt deshalb, was es heißt, im einen zu leben und dabei das Andere zu erfahren. Ein Mystiker ist, wer sich immer wieder vom Fischer fangen läßt. Und Fische-Menschen sind gleichzeitig auch, auf der anderen Seite nämlich, selbst Fischer, die andere fangen. Der Fischer will den Fisch, und der Fisch will den Fischer. Zusammen ist es so im Menschen da.

Es gibt natürlich auch hier die Gegenseite, wo der Mensch sozusagen gegen sein Zeichen lebt. Wie wir beim Lamm, beim Widder sahen, daß er auch kämpfen kann statt sich zu überlassen, so könnte ein Fisch sich im Dunkeln verstecken, damit man ihn nicht fängt.

Sie kennen doch auch die Geschichte vom Fisch, der den Propheten Jonah aufnimmt, als er im Wasser unterzugehen droht. Der Fisch schwimmt mit ihm an Land und speit ihn dort aus. Durch den Fisch wird er gerettet. Hier zeigt es sich auch: Der Fisch ist im Menschen dasjenige, was aus seinem Element muß. Vom Fisch erwartet man das Geheimnis.

Davon handeln viele Märchen und Mythen. In der jüdischen Überlieferung kennt man die Geschichte vom Fisch, der den Ring, den Ring der Erlösung, verschluckt hat. Der Ring sinkt auf den Meeresgrund, das Geheimnis droht verlorenzugehen, aber der Fisch nimmt ihn auf. Wenn er dann gefangen ist, und man seinen Bauch öffnet, ist der Ring wieder da. Der Fisch bringt ihn zurück.

Deshalb ist die Mahlzeit mit den Fischen so wichtig. Im Katholizismus ist auch heute noch, wenn auch nicht mehr so streng wie früher, der Freitag der Tag der Fische, des Fischessens. Es ist auch von Bedeutung, daß dies am sechsten Tag geschieht. Es wird davon noch einiges zu sagen sein, wenn ich die Venus, den sechsten Planeten, bespreche.

Das Zeichen Fische als Typus im Menschen bedeutet die große Sehnsucht und das Bewahren des Geheimnisses. Der Fisch, der gefangen wurde, hat so viel zu erzählen, daß der Erlöser erkannt werden wird. Das Geheimnis wird offenbar. Vom Fische-Mensch aber, der sich verbirgt und nicht gefangen werden will, heißt es, er sei dann sehr verletzlich, weil er spürt, daß er eigentlich ein ganz Anderer ist. Er versteckt sich, obwohl er doch gern erkannt werden will, deshalb ist er im Konflikt.

Fische, sagt man, kennen sich gut in der Zeit aus. Sie kennen beide Seiten, schwimmen nach links und nach rechts, wissen vom Kommen und vom Gehen. Sie übersehen die Zeit. Spielt noch die Venus, der sechste Planet, eine Rolle, dann kann ein solcher Mensch ein sehr ausgeprägtes Gefühl für das Wesen der Zeit besitzen.

DRITTES KAPITEL

Das Ausschütten der Zeit im Zeichen Wassermann · Die Einheit von sechstem, siebtem und achtem Tierkreiszeichen ·Die Jungfrau gebiert das Neue · Himmlische und irdische Seite des Weiblichen · Erschaffung und Fall des Menschen am sechsten Tag · Vom Pflücken und Pressen der Olive zum Salböl · Das Verkanntwerden als Weg zur Erlösung · Wie man im Rückzug ans Ziel gelangt · Der »lange« Weg im Zeichen der Waage · Das verlorene Paradies · Die Grenze überschreiten · Das Doppelte der Erlösung: Skorpion und »weißer Adler« · Die Geschichte vom König Salomo

Das vierte und letzte der vier irdischen Zeichen ist Aquarius, Wassermann; im Hebräischen heißt es »dli«, Eimer. Wir sprachen schon davon, daß hier der Eimer gemeint ist, mit dem das Wasser ausgegossen werden kann. Die Welt erscheint jetzt von einer anderen Seite, man kümmert sich nicht mehr um die Zeit, nimmt eigentlich auch den Raum nicht mehr ernst. Man konstatiert zwar ihr Dasein, läßt sich aber, wie es im Bild des Ausgießens deutlich wird, nicht zu sehr von ihnen beeinflussen.

Im jüdischen Brauch findet das Weggießen des Wassers am dritten der drei Wallfahrtsfeste nach Jerusalem statt, am Fest der Hütten, der Laubhütten. Am Abend des zweiten Tages dieses Festes wird unter großer Freude, ja, einer Art ausgelassener Fröhlichkeit, im Tempel das Wasser ausgegossen. Man fühlt sich nicht mehr in der Zeit gefangen, die Zeit hat ihren Zwang verloren. Was in der Welt von Zeit und

Raum unmöglich ist, nämlich hier und dort zu gleicher Zeit zu sein, erscheint jetzt möglich. Es ist die Phantasie, das Irreale. Und Leute, die das verkünden, werden oft als lästig und sehr irritierend empfunden. Jetzt aber, vom Wassermann-Zeichen her, kommt plötzlich ein Gefühl der Freiheit: Etwas, das geschehen ist, kann wiederkehren, es muß gar nicht als unwiederruflich vorbeigegangen empfunden werden. Jetzt kann eine Umkehrung erlebt werden: Zuerst die Wirkung, und danach zeigt sich die Ursache. Die Kausalität verliert das Zwingende einer eindeutigen Erklärung.

Im Wassermann-Typus ist die Neigung zum Erklären nicht mehr so stark, eher die Neigung zum Erleben. Du erlebst es — ob das nun erklärt werden kann oder nicht, kümmert dich nicht. Deshalb auch die Neigung, das Logische, das Kausale nicht so ernst zu nehmen. Als Tatsache wird es zwar akzeptiert, auch eingesehen, daß man es braucht, aber nicht so wichtig genommen.

Das alte Symbolzeichen zeigt einen Mann, der mit einem Eimer voll Wasser dasteht und das Wasser ausgießt. Man sieht es aus dem Eimer herausfließen. Im Weggießen besteht die Freude an diesem Fest. Das Ausschütten will sagen: Wir sind nicht mehr in Zeit und Raum gefangen. Wir brauchen uns um das Logische und Kausale nicht so zu sorgen. Man muß nicht immer eine Erklärung haben, warum etwas wirkt. Unsere Universitäten, die auf der Wasserseite, auf der wissenschaftlichen Seite stehen, lassen nur etwas gelten, wenn es erklärt werden kann. Das Weggießen aber will sagen: Ich kann es nicht erklären, so ist es nun einmal, so geschieht es mit mir. Es bedeutet, daß auch in der Welt — und man mag dabei an das gerade anbrechende Wassermann-Zeitalter denken — etwas geschieht, das vorher nicht da war. Man könnte sagen, die großen Geschwindigkeiten und Beschleunigungen, die wir gegenwärtig erfahren, sind ein Ausdruck dieses Nicht-mehr-ernstnehmens der Zeit.

Früher brauchte man für eine Reise nach Japan zum Beispiel viele Wochen, heute kann man in etwa fünfzehn Stunden dort sein. Wir können fern-sehen und fern-sprechen — auch ein Ausdruck dafür, daß Zeit und Raum in der Welt an Gewicht verlieren. Man spürt auch ein Anwachsen des esoterischen Gefühls; man glaubt mehr und mehr an Dinge, die nicht zu erklären sind, an die man noch vor fünfzig Jahren gar nicht zu denken wagte. Wir sehen an der Ausprägung unserer Welt, daß so etwas stattfindet.

Der Mensch im Wassermann-Zeichen ist fortwährend im Begriff, Zeit und damit Raum wegzugießen. Das erst macht ihn frei. Zeit und Raum hängen doch mit einer Erscheinung zusammen, die wir die Gesetze, die Naturgesetze nennen. Die lassen sich nur in Zeit und Raum konstatieren und messen. Wo Zeit und Raum aufhören, enden auch die Naturgesetze. Wenn von Befreiung und Erlösung gesprochen wird, ist in erster Linie die Befreiung vom Zwang der Naturgesetze, vom Zwang der Kausalität gemeint.

Wir sehen jetzt, daß die Kausalität Grenzen hat. Im Computer können eine Vielzahl von Geschehnissen im Bruchteil einer Sekunde stattfinden. Wir spüren, daß das im Bereich einer Grenze geschieht. Erlösung bedeutet, daß man überhaupt von all dem Zählen und Rechnen befreit ist. Wie ein Computer Millionen Informationen zu speichern und dann in einem Augenblick zu reproduzieren und darzustellen vermag, so kann das auch das menschliche Bewußtsein im Gehirn. Wir können jetzt auch besser verstehen, daß unser Gehirn mit Zahlen zu tun hat wie mit der Sprache. Ein Computer kennt Zahlen von 0 bis 9 und kann damit alles ausdrücken. Ein Mensch kann das genauso schnell. Er braucht nicht erst ein Wort zu konstruieren und zu überlegen, wie er das mit dem, was er sagen will, zusammenbringen kann, sondern innerhalb des Bruchteils einer Sekunde spricht schon das Wort aus, was er sagen will, und genau die richtigen Laute kommen. Und Laute sind, wie wir wissen, auch Zahlen*.

Das Weggießen des Wassers bedeutet also für den Menschen, daß er sich nicht durch Zeit- und Raum-Geschehnisse, durch Rationalität und Kausalität zwingen läßt. Er anerkennt sie, aber er ist gern frei davon. Er gießt gern das Wasser aus und hat Freude, wenn er das tun kann. Aber er hat deshalb, wie es die alten Mitteilungen beschreiben, auch Leid, wenn er es nicht tun kann. Dann empfindet er das Handelnmüssen nach Gesetzen als viel größeren Zwang als ein anderer. Man sagt im alten Wissen — vielleicht trifft es heute auch zu, ich habe es nie untersucht —, daß zum Beispiel Kinder, aber auch Erwachsene, die stark vom Wassermann-Zeichen geprägt sind, nicht so leicht — heute könnte man hier sagen: — rationale Wissenschaften studieren können, höchstens auswendiglernen, aber nicht verstehen. Sie empfinden es wie einen Zwang und sind deshalb mit dem, was sie lernen müs-

* Ich habe das in vielen meiner Bücher ausführlich dargestellt und erläutert. Eine Zusammenfassung davon findet sich in dem Rowohlt-Taschenbuch »Zahl, Zeichen, Wort. Das symbolische Universum der Bibelsprache«, rde Nr. 383, Reinbek 1978.

sen, nicht ganz einverstanden, verstehen es deshalb auch nicht richtig. Sie leiden unter dem Druck, Gesetzmäßigkeiten ertragen und ihnen gehorchen zu müssen. Sie sind gern frei und gehen, wie man heute sagen könnte, gern mit Esoterischem um.

Der Wassermann sucht etwas, das ihm gerade Nicht-Gesetzmäßiges zeigt. Das Religiöse zum Beispiel zieht ihn an. Aber er wird kein Theologe sein, wie sie heute an den Universitäten herangebildet werden, eher ein Theologe, der vielleicht gerade prophetische Eigenschaften hat, der durchbrechen möchte, der revolutionär ist.

Nun hat natürlich auch der Wassermann, wie jedes Zeichen, zwei Seiten. Für ihn ist es notwendig, daß er sich bewußt ist, daß sein Zeichen zu den vier irdischen gehört, zu den Welt-Zeichen. Wenn er sich nämlich ganz von den Fischen und vom Wasser, vom Stier und vom Widder lösen möchte, dann, heißt es, kann er verlorengehen. Dann verliert er diese Welt, findet zu ihr keinen Kontakt, wird für die Welt, könnte man sagen, ein bißchen wahnsinnig. Er wird der Welt und die Welt wird für ihn unerträglich, er versteht die Welt nicht.

Es heißt daher: Ein Weiser soll immer wissen, bei sich die Verbindung zwischen Fische und Wassermann zu leben; beide Zeichen sollen in ihm vereinigt sein. Fische und Wassermann sind doch, wie ich schon sagte, die zwei Zeichen unserer Welt hier. Stier und Widder sind eigentlich vorher, mythisch. Es gab, wie wir besprochen haben, diese Zäsur dazwischen. Wie Stier und Widder vereinigt werden sollten, so auch Wassermann und Fische.

Die Sehnsucht des Wassermanns, sich vom Gesetz

zu befreien, von jedem Zwang zu lösen, birgt eine Gefahr, wenn er im Gesetz nur das Negative sieht. Er sollte eben die andere Seite im Gesetz, die Freiheit, erkennen. Er sollte einsehen, daß die Gesetze im Quantitativen, im Zeiträumlichen, Ausdruck der Freiheit im Qualitativen sind. Ein Abschaffen der Gerichte zum Beispiel, die über die Gesetze wachen, brächte die Welt ins Chaos. Wenn aber ein vom Zwang Befreiter die Gesetze handhabt, dann sind sie ein Segen.

Man könnte also überhaupt im Leben einsehen, daß die Welt, wie sie bis ins Kleinste erscheint, einen Sinn hat. Denn alles, was hier erscheint, ist quantitativer Ausdruck einer Qualität in der Freiheit, im Jenseitigen.

Sie verstehen jetzt vielleicht auch, warum gesagt wird, die endgültige Erlösung komme im Zeichen Wassermann. Das Wasser, das Kausale wird weggegossen. Was Paulus im Römerbrief von Gesetz und Freiheit sagt, läuft auf das Gleiche hinaus. Das Gesetz ist aufgehoben, und die Freiheit ist da, oder, anders ausgedrückt, das Gesetz kann jetzt nur noch von der Freiheit her bestehen. Von dort her ist es eine Freude, eine Harmonie, kein Zwang. Der Zwangs-Mensch sollte aus seinem Zwang erlöst werden durch die Konfrontation mit dem »Eimer«, der das Wasser ausgießt.

Wir haben also nun die vier irdischen Zeichen besprochen, die horizontale Linie gesehen. Ich möchte jetzt zu den drei männlichen Tierkreiszeichen kommen, zu Jungfrau, Waage und Skorpion, also dem sechsten, siebten und achten Zeichen. Wir sehen dabei schon, daß zwischen der Sechs, der Sieben und der Acht eine Verbindung besteht. Diese drei werden als eine Einheit gesehen.

Wo in der Bibel vom siebten Jahr, vom Sabbatjahr, gesprochen wird, heißt es, daß die Ernte, der Ertrag des sechsten Jahres für das siebte genügt. Und da man im siebten Jahr auch nicht säen darf, soll die Ernte des sechsten Jahres auch noch im achten Jahr reichen. Erst im achten Jahr kann neue Saat in die Erde gegeben werden, von welcher der Ertrag dann im neunten Jahr kommt. Nach der Bibel gilt also die Ernte des sechsten Jahres für das siebte und achte Jahr. Im kabbalistischen Kommentar wird gesagt: Es bedeutet, daß auch das sechste, siebte und achte Tierkreiszeichen zusammengehören und nicht getrennt werden können.

Das sechste Tierkreiszeichen, Jungfrau, heißt im Hebräischen »betula«, und dieses Wort bedeutet auch Jungfrau. Gemeint ist die Jungfrau, die das Neue gebiert, aber eben nicht auf die Art, wie sonst hier geboren wird, sondern auf nicht-kausale Weise. Das kennen Sie aus der christlichen Mystik, von der Jungfrau Maria. Eine Frau hier kann nur ein Kind gebären, wenn sie keine Jungfrau mehr ist. Wenn also erzählt wird, daß eine Jungfrau das Neue gebiert, so will es sagen, daß diese Jungfrau nicht von dieser Welt befruchtet, also defloriert ist, sondern die Befruchtung kommt von einer anderen Welt her.

Es kann die Erlösung nur kommen, wenn die weibliche Welt der vier Zeichen, die wir schon besprochen haben, von einer anderen Dimension her befruchtet wird. Deshalb sagt man, daß die Jungfrau eigentlich himmlisch ist, »männlich«. Himmel wird doch, wie ich schon sagte, das Nicht-erscheinende, das Jenseitige, das Verborgene, das Geheimnis, das Männliche genannt; und Erde ist dem gegenüber das Weibliche, das Berechenbare, das Kausale. Im Katholizismus wird von der himmlischen Jungfrau gesprochen, von ihrer Himmelfahrt.

Das alte Bild der Jungfrau bedeutet: In dieser Welt ist nur Sinn, wenn sie mit einer ganz anderen Welt konfrontiert wird. Sonst ist und bleibt diese Welt sinnlos, unzumutbar und unerträglich und ruft nur Aggressionen beim Menschen hervor; jedenfalls ist er irritiert und fühlt sich unwohl, denn er kann dieses Alleinsein hier nicht ertragen. Das erste der drei männlichen Zeichen weist auf etwas Himmlisches hin, spricht von der Existenz einer ganz anderen Art Frau.

Das wird in der Bibel fortwährend dargestellt. Die Bibel ist ein Komplex, den man — Gott behüte! — nicht nur historisch untersuchen sollte. Da würde sie auch unverständlich und unerträglich. Die Bibel ist etwas Ewiges, Ganzes, Heiles, das sich sowohl hier ausdrückt, als auch im Jenseitigen da ist. Daher kann sie nicht kausal erklärt werden, denn dieses Erklären gilt nur an der einen Seite.

Die Bibel also zeigt ständig diese beiden Seiten des Weiblichen. Abraham hat zuerst eine ägyptische Frau, die Hagar, von der Ismael kommt; seine andere Frau, Sara, aber ist die »von jenseits«. Er selber ist doch ein »iwri«, ein Hebräer; das Wort kommt von »ewer«, »jenseits«. Sara also ist, wie er, von jenseits. Und gerade von ihr wird der Sohn erwartet. Daß man dorther aber eine Frucht kommen könnte, die hier auch existieren und bleiben kann, vermag Abraham kaum zu glauben. Ein Sohn von der hiesigen Frau, ja, das schon, das ist normal. Abraham wäre schon zufrieden, wenn der die Welt erbte. Aber ein Sohn von Sara — das zu glauben ist ihm fast zum Lachen. Daher erhält der Sohn, der wider Erwarten doch kommt, den Namen Jizchak (Isaak), der soviel wie »unglaublich«, »lächerlich«, »zum Lachen!« bedeutet.

Das Zeichen Jungfrau hat mit der Empfängnis aus einer anderen Dimension zu tun. Davon spricht auch die Bibel, wenn es heißt: Wann wird die Jungfrau jauchzen und empfangen? Viele Christen lächeln etwas verlegen, wenn man von der »unbefleckten Empfängnis« spricht. Sie geraten da in einen Konflikt, der sich auch tatsächlich ergibt, wenn man die Erzählung der Bibel nur historisch, nur nach der Wahrnehmung in dieser Welt hier gelten läßt. Dann nämlich kann ein Sohn *so* nicht kommen. Wir sollten eben gerade das Andere in unser diesseitiges Leben einwirken lassen. Dann kann man auch an Wunder im eigenen Leben glauben, nicht nur in den Mythen und Märchen. Dazu aber müßte man sich öffnen, müßte offenständig sein für die andere Welt.

Jungfrau, das sechste in der Reihenfolge der Zeichen, ist auch das Zeichen, in dem der Mensch geschaffen wird. Die Schöpfung des Menschen für diese Welt geschieht, wie es die Genesis erzählt, am sechsten Tag. Ich weise hier auch schon auf den sechsten Planeten, Venus, hin, der ebenfalls mit dem sechsten Tag, dem Freitag, (Vendredi) verbunden ist. Venus im Zeichen Jungfrau wäre also eine Quadratierung der Kraft.

Biblisch, mythisch gesehen ist der Mensch am Freitag geschaffen und lebt im Paradies. Alles ist für ihn da. Aber nach der Überlieferung kommt er schon am gleichen sechsten Tag zu Fall, denn er hat die Konfrontation mit dem »Drachen«, wie es heißt, mit der Schlange, die den Menschen »beißt« und tötet. Am gleichen sechsten Tag muß der Mensch das Paradies verlassen.

Im Neuen Testament spielt sich am Freitag ein entsprechendes Geschehen ab. Der Erlöser ist da, wird aber »gebissen«. Der Kuß, der ihm gegeben wird, ist dieses Beißen. Im Hebräischen hat Küssen, wenn es nur Diesseitiges erstrebt und damit eigentlich vom Jenseitigen sich lösen möchte, der Etymologie nach die Bedeutung des Beißens (»naschak« und »naschach«).

Am sechsten Tag zeigt sich schon die Erlösung. Aber, wie wir wissen, den Ertrag des sechsten Tages braucht man auch noch für den siebten und achten Tag; die Sechs, Sieben und Acht sind miteinander verbunden. Der chaldäische Tierkreis zieht daher das sechste, siebte und achte Zeichen zu *einem* zusammen, hat also nur zehn statt zwölf Sternbilder. Sie sehen daraus, daß der Mensch schon von jeher diese Einheit der drei kennt. Es ist ein Wissen von jenseits, das er vom Himmel, könnte man sagen, mitbringt.

Der Jungfrau-Mensch weiß vom Menschen und kennt die Erlösung; in ihm ist aber auch die Erfahrung, daß der Mensch sich nicht ganz im Sechsten entfaltet, sondern gleichsam sagt: Ich komme wieder. Nämlich im Achten. Das alte Wissen spricht davon im Begriff des achten Tages. Es ist der Tag nach dieser Welt: eine neue Welt.

Man spricht auch von sieben Arten des Wachstums*, sieben verschiedenen Entfaltungsweisen. Die sechste Art des Wachstums — des Erscheinens aus dem Nichts, des Wachsens und Wieder-vergehens — ist die Frucht des Ölbaums, die Olive. Nun ist es merkwürdig, daß der Freitag im Neuen Testament in enger Beziehung zum Oliven-Berg, hebräisch »har hasetim« — immer

* vgl. F. Weinreb, »Traumleben«, Band 2, S. 110 f.

mit »Ölberg« übersetzt — steht. Und der Name Gethsemane bedeutet Olivenpresse, daraus das Öl der Olive fließt. Das hebräische Wort für Öl, Salböl, ist »schemen«; das ist aber auch der Stamm des Wortes für »acht«. Der Begriff Messias, hebräisch »maschiach«, bedeutet Gesalbter, und dieselbe Bedeutung, jetzt aber aus dem Griechischen, hat Christus. Die Worte Acht und Öl und Salbung mit Öl haben in der hebräischen Sprache, wie Sie sehen, einen engen Zusammenhang. Man sagt: die Acht trägt die Erlösung in sich.

Der Jungfrau-Mensch birgt, was die Erlösung bringt, in sich. Trennt man ihn aber von der Sieben und der Acht, dann ist das sehr tragisch für ihn, weil sich das Erlösende nicht verwirklichen kann. Die Einheit der Sechs, Sieben und Acht, die Einheit dieser drei Zeichen, enthält den Sinn des Leids, den Sinn des Unverständlichen. Das Unverständnis ist da, damit die Befreiung kommt aus tiefstem Dunkel.

Ein Schwarzfärben des Freitags ist sentimental; und sentimental will sagen, daß Menschen sich so verhalten, die nur das Diesseitige sehen. Der Mensch, der das Diesseitige mit dem Jenseitigen verbinden kann, kennt keine Sentimentalität. Er verbindet gleich: Was hier weggeht, ist dort. Ein altes Bild vergleicht das diesseitige Leben einer brennenden Kerze: Je weiter diese hier herunterbrennt, desto mehr wächst sie im Jenseitigen. Ein Weggehen hier bedeutet ein Wachsen an der anderen Seite. Das ist auch der Grund, warum man Kerzen oder Öllämpchen zu religiösen Zwecken benutzt. Was hier unsichtbar wird, wächst in der anderen Welt heran. Man sagt, eine Kerze, die hier ganz abgebrannt ist, besteht dort, im Jenseitigen, vollständig. Es ist ein Gleichgewicht, eine Harmonie.

Ich sage das, damit Sie nicht glauben: Der Jungfrau-Mensch, ach der Arme, es ist also ein Versprechen da, und dann geht es unter! Das Versprechen besteht; es könnte sein, daß er einen Untergang empfindet, wenn er vom Siebten und Achten getrennt wird. Wesentlich und wichtig ist also für ihn, daß er die Verbindung erlebt, das Weiterreichende seines Lebens, den Sinn. Das Leben bleibt nicht hier in Zeit und Raum, es hat seinen Sinn gerade jenseitig. Die Olive soll gepflückt werden, sonst fault sie am Baum. Ihr Sinn ist es, gepreßt zu werden, dann kann das Öl, das Andere, da sein. Der Mensch nun, für den das Zeichen Jungfrau wichtig ist, muß sich mit diesem Problem im Leben auseinandersetzen.

»Schlimm sieht es aus«, könnte er fühlen, aber eigentlich weiß er, daß es mit ihm ganz anders steht, daß er ganz woandershin kommt und von dort her ihm der Sieg gewiß ist. Zustandegekommen weiß er sich auf merkwürdige himmlische Art: Ich bin nicht einer, den man irdisch analysieren und erklären könnte, der in dieser Art »betastet« werden kann. Man wird mich mißverstehen, aber ich weiß: Für mich ist das Andere da. Dieses Siegesbewußtsein prägt den Jungfrau-Menschen.

Es geht darum einzusehen, daß es sich im Verkanntwerden und Sterben nicht erschöpft, sondern daß dieses Verkanntwerden eigentlich der Weg ist, ein mysteriöser Weg zur Erlösung. Denn erlöst werden kann nur, was gefangen ist, auferstehen, was tot war. Mitgeteilt wird hier, daß jedes Geschehen seine andere Seite hat. Wer sich gefangen fühlt, kann Erlösung erleben. Wer erlösen will, muß sich mit Gefahren konfrontieren. Dein Sterben bedeutet: Es gibt die Auferstehung; kein Ende, sondern ein Rad, das sich dreht, und der Ort, wo es die Erde berührte, kehrt wieder, es dreht sich und berührt wieder die Erde. Daher heißt Reinkarnation im Hebräischen »gilgul«, vom Stamm »gal« kommend. Rad ist »galgal«. Der Punkt, der war, dreht sich und kommt zurück.

Der Prophet Hesekiel sieht in seiner Vision Räder, hebräisch »ofanim«. Ofanim sind auch, wie gesagt wird, göttliche Wesen, sie sind aber auch Räder. Diesseits erscheint nur, wo das Rad hier die Erde berührt, das Äußerste der Schöpfung. Dann dreht es sich und bewegt sich weiter und kommt nach der Umdrehung wieder zurück und berührt wieder diese Welt. Solche Räder gibt es für jeden Augenblick, für die Minute, die Stunde, die Woche, den Monat, das Jahr, das Jahrhundert usw. Alle Arten Räder gibt es, die aufsteigen und sich nach rechts und links bewegen, wie sie Hesekiel in seiner Vision dort sieht. Das Leben endet nicht, es ist wie ein Rad. Und wer sagt: »Nur das Hier ist wichtig!«, der leugnet das Rad.

Man sagt auch, die Generationen drehen sich zusammen im Rad weiter und bleiben zusammen. Der Ausdruck »Eingesammeltwerden zu den Vätern« will sagen: Du gehst mit den Generationen ins Andere mit und kommst eventuell wieder zur Erde; die Berührung gibt dir einen Körper.

Der Mensch im Zeichen Jungfrau kann das erkennen. Er hat es in sich, durchbrechen zu können. Aber, wie ich schon sagte, es könnte sein, daß er von der Sieben und der Acht getrennt ist. Dann hat er ein schweres Leben, einen Kampf, weil er sich im Diesseitigen verkannt fühlt. Man sagt aber, es macht nichts, er wird in seinem Leben — bald oder später — doch dem begegnen, wodurch er die Verbindung mit der Sieben und der Acht bekommt.

Sie sehen also, daß es bei diesem ersten männlichen Zeichen ganz anders ist als bei den vier weiblichen. Hier wird eine Konfrontation vom Menschen erwartet, eine Aktivität; er soll sich auseinandersetzen. Er weiß, daß der Satan, die Schlange, der Hinderer, in sein Leben kommt und bedroht, was er erreichen möchte. Und oft sieht es aus, als gehe er in dieser Konfrontation unter. Aber gerade im Untergehen, in der Niederlage, erkennt er einen Sieg: den Tod als Sieg über den Tod. Indem er schwach ist, siegt er.

Der Jungfrau-Mensch geht fehl, könnte man sagen, wenn er seine Kraft im Mächtigsein, im Kausalen, im Erklären sucht. Dort versagt er wahrscheinlich, gerät ins Judas-Element, wo er das Reich *hier* sucht und gerade daran zugrundegeht. Man könnte ihm klarmachen, daß er auf diese Art nicht siegen kann, sondern sein Ziel auf ganz andere Weise erreicht. Seine Kraft ist dort, wo er sich zurückgezogen hat oder verdrängt wird. Das kann man in vielen Aspekten sehen. So wird er zum Beispiel im Studium gewisse Einsichten nur erlangen, wenn er sich nicht zu sehr um kausales Verstehen bemüht. Für den Jungfrau-Mensch gilt: Sich zurückziehen!, und beim Rückzug erlangt er es.

Das zweite männliche Zeichen — in der Sternbild-Reihe das siebte — ist die Waage, hebräisch »mosnaim«. Es ist das Zeichen des Weges. Die Waage zeigt an, wie man den Weg geht. Ob man sich zum Beispiel in der Richtung des Gelobten Landes bewegt oder in Richtung Hölle, Sklaverei, Zwang. Ist dein Weg einer zum Guten? Und das meint: Suchst du deinen Weg zum Ursprung? Oder ist es einer zum Bösen? Hast du Angst vor deinem Ursprung und suchst ihm zu entfliehen? Dann ist, sagt man, die linke Seite der Waage schwerer als die rechte.

Es heißt, die Waage soll niemals so sein, daß eine Seite gleich so schwer ist, daß schon im ersten Moment alles entschieden wird. Die Waage habe, sagt man, das schöne Spiel des Auf und Ab. Das gibt dem Menschen auf dem Weg die Freude. So hat er fortwährend Zweifel und Sicherheit. Es wechselt ab. Er weiß nicht, ob der Weg, den er geht, richtig ist. Manchmal ist er überzeugt, es sei der einzig richtige Weg, dann wieder glaubt er, er bilde sich das nur ein. Der Mensch im Zeichen Waage empfindet sein Leben sehr intensiv als Weg, als Be-Weg-ung auch, als etwas, das nicht stillsteht. Wichtig ist für ihn die Änderung.

Bei der Befreiung aus der Gefangenschaft in Ägypten sagt Gott: Ich werde sie nicht gleich ins Gelobte Land führen, sondern ihnen einen langen Weg geben. Der kurze schnelle Weg wäre für sie wie Krieg, und sie würden erschrecken. Glück und Leid stünden dann so plötzlich einander gegenüber und so stark, daß der Mensch zerbrechen würde. Bekäme der Mensch zum Beispiel am Anfang seines Lebens zu sehen, was er alles während seines Lebens essen, trinken und lesen muß, dann träfe ihn vielleicht vor Schreck der Schlag. »Unmöglich — alle diese Mengen zu essen oder zu trinken!« Aber wenn er jeden Tag etwas bekommt, ißt und trinkt er gern und freut sich dabei.

Das bedeutet: Der lange Weg. Bekäme er auf einmal das Ganze, würde er ersticken. Daher die Verdauung. Mund und Zähne sorgen dafür, daß die Brocken zerkleinert werden und Speichel dazukommt, damit es geschluckt und verdaut werden kann. Es ist eine Einteilung da.

Die Waage nun zeigt dem Menschen auch: Es gibt eine Geduld. Der Waage-Mensch kann sie aufbringen, kann gewaltig sein im Sich-gedulden. Im Hin und Her der Waage geschieht es, weiß er, so, daß die rechte Seite langsam stärker und stärker wird. Dann senkt es sich, bis die rechte Seite gleichsam die Erde berührt. Dann ist der Weg erfüllt, dort ist das Ziel.

Der Mensch im Typus Waage hat ein ausgeprägtes Gefühl für ein Ziel und möchte einen Sinn im Leben sehen. Ist ihm dies vielleicht auch nicht immer bewußt, so lebt es doch in seinen Empfindungen, in seinen Reaktionen. Es heißt auch: Der Weg durch die Wüste entspricht dem Zeichen Waage. Es ist der Weg durch die Zeit, er entspricht dem siebten Tag. Deshalb hat das Zeichen Waage mit dem weiblichen, irdischen Zeichen Fische sehr viel zu tun. Die Hieroglyphe des Zeichens Sieben im Alt-Hebräischen wird als ein Schiff mit Rudern gezeichnet:

Die Sieben ist dieses Schiff: der Weg des Menschen durch die Zeit.

Die Bibel gibt den Weg des Menschen durch die Wüste mit vierzig Jahren an. Vierzig aber ist, wie Sie schon wissen, das Maß für Zeit. Und vierzig ist auch das Wort für Zeit; der hebräische Buchstabe Mem, 40, bedeutet Wasser, also Zeit. Biblisch wird die Zeit immer mit der Vierzig gemessen: vierzig Tage, vierzig Nächte, vierzig Jahre — die ganze Zeit, der Weg durch die Zeit. Man braucht nicht auf den Kalender oder auf Zeittafeln zu schauen. Die Vierzig ist mythologisch — im Menschen selbst, als Archetyp, könnte man sagen.

Die Zeit ist die Waage, der Mensch geht durch die Zeit. Im Männlichen aber geht er aktiv durch die Zeit. Sie erinnern sich vielleicht, daß ich beim Zeichen Fische sagte, die Fische warten auf den Fischer, daß er sie herausholt, passiv. Im Siebten aber ist es anders. Jetzt ist es der Weg, und der Mensch sagt: »Ich habe die Führung, und es hängt von mir ab. Ich gehe den Weg. Ich suche ein Ziel. Ich habe in mir auch das Gefühl, daß ich einem Untergang entgegengehe. Ich weiß es nicht. Manchmal bin ich aufsässig wie das biblische Israel, das während des Wüstenweges zurückwill nach Ägypten, zurück in den Zwang. Dort im Zwang, im Rausch war es doch ganz angenehm.«

Es geht aber nicht mehr zurück. Wenn du einmal den Geschmack der Befreiung, der Erlösung empfunden hast, wirst du niemals mehr im Zwang sein können. Ägypten wird dich nicht mehr annehmen. Es wird dich ausspeien. Du wirst dich, heißt es, Ägypten sogar als Knecht anbieten, aber es lehnt dich ab. Wer die Erlösung einmal gespürt hat, kann nicht mehr zurück in die Gefangenschaft. Untergehen kann er, die Gefangenschaft aber erträgt er nicht mehr.

Der Weg weiß eigentlich, wohin er geht. Es war einmal, weiß er, ein Paradies, das verlorene Paradies, das jeder Mensch kennt. Freudianisch ausgedrückt: Der Mensch sehnt sich nach dem Mutterleib, der ihn geboren. Er sehnt sich nach dem Faul-unter-der-Decke-bleiben, nach dem Nicht-aufstehen. Gern möchte er, daß ihm die gebratenen Tauben in den Mund fliegen. Er möchte nichts tun. In der Vergangenheit liegt es, weiß er, gleichzeitig aber auch: in der Zukunft. Das Leben hat nur einen Sinn, wenn das Paradies wieder erreicht wird.

Edgar Dacqué, der bekannte Münchner Paläontologe, hat in seinem Buch »Das verlorene Paradies« dargelegt, daß alle Kulturen, alle Völker die Geschichte vom verlorenen Paradies kennen. Jeder Mensch hat es als Typus in sich eingebaut, das Bewußtsein: Es war wie der sechste Tag. Es war diese Jungfrau — wo ist sie jetzt? Auf dem Weg es suchen, im siebten Tag — da ist es nicht zu finden. Verbinde dich mit dem Sechsten, sagt man, sonst wirst du es nie finden. Wenn du es nur auf dem Weg, nur historisch, nur kausal suchst, wirst du untergehen, bleibst im historischen Irr-Sinn gefangen, kommst aus diesem Kreis nicht heraus.

Du mußt es jenseits der Geschichte suchen. Bedenke: Die Erlösung geschieht nicht auf »geschichtliche« Art. Der siebte Tag muß die Nahrung haben vom Ertrag des sechsten. Wie die Bibel sagt: Im siebten Jahr, im Sabbatjahr, da lebt der Mensch vom Ertrag des sechsten Jahres. Der Mensch auf dem Weg lebt im Bewußtsein: Ich habe die Jungfrau, es war die Erlösung — aber wo ist sie jetzt? Ein Weg ist da, ein Sinn in meinem Leben. Ich spüre seine Dynamik, ich möchte gehen, dann hat er ein Ziel. Gerade das fortwährende Zweifeln bürgt für das Ziel, welches kein Lebender je zu beweisen vermag.

Der siebte Tag ist dieser Wasser-Tag, ist wie die Fische, im Unsichtbaren. Man kennt die Welt jenseits des Wassers nicht. Man glaubt, die Wasser-Welt sei alles, und man könne außerhalb des Wassers nicht atmen. Aber man spürt doch: Es muß ein Sinn sein. Und geht weiter. Und weiß, am Ende kommt man ins Paradies. Das ist der achte Tag. Daher sollen, wie ich schon sagte, das sechste, das siebte und das achte Zeichen verbunden werden. So vereinigt werden sie auch interpretiert. Bei einem Jungfrau-Menschen zum Beispiel fragt man gleich: Und wie steht es bei ihm mit Waage und Skorpion? Ich habe auch schon darauf hingewiesen, daß die chaldäische, also die alte babylonische Astrologie, das sechste, siebte und achte Zeichen als *ein* Zeichen, wie in der Kabbala erklärt wird, gelten läßt.

Weg also bedeutet: Der Mensch weiß vom Sinn des Lebens. Verspürt der Mensch im siebten Tag keinen Sinn, dann geht er unter. Er erträgt es nicht. Man müßte ihm, das wäre wichtig für ihn, vom Sinn des Lebens erzählen.

Nun das achte Tierkreiszeichen: Skorpion. Ich sagte schon, daß im Hebräischen das Wort für acht vom gleichen Stamm ist wie das Wort für Öl, für Salböl. Mit der Acht drückt sich Wichtiges aus. Vielleicht kommt das auch in den deutschen Worten »achten« und »verachten« zum Vorschein, die doch auch mit dieser Acht zu tun haben. Denken Sie auch an »Gib acht!«; man achtet etwas, weil die Acht entscheidend ist.

Der achte Tag ist der Tag der Auferstehung, also der Sonntag, könnte man sagen. Der achte Tag aber paßt noch nicht in die Woche der sieben Tage. Ist der achte Tag wieder der erste, oder ist er der siebte? Es stimmt *hier* noch nicht.

Schauen wir dagegen in den Kalender, den die Astrologie des alten Wissens kennt, so finden wir merkwürdigerweise acht Tage und dreizehn Monate. Eine andere Welt. Beim Achten ist etwas von jenseits dieser Welt. Das Achte ist hier noch nicht wahrzunehmen. Er ist da, aber versuche nicht, ihn zu betasten; dann wärst du ein Ungläubiger. Du mußt verstehen: Das Achte ist etwas, das sicher kommt. Du gehst diesen Weg doch unwiderruflich, kannst nicht umkehren. Ein Weg bedeutet auch Kausalität, jede Ursache hat auf dem Weg eine Wirkung. Du bewegst dich also, und plötzlich ist das Achte ein Überschreiten einer Grenze.

Wie vom Sechsten zum Siebten eine Grenze da ist, das »Schilfmeer«, das sich spaltet, so spaltet sich auch die Grenze vom Siebten zum Achten: der Jordan. Das Sechste, Siebte und Achte ist durch dieses Spalten verbunden. Der Weg führt vom Sechsten durch das Meer hinüber in das Siebte, und durch den Fluß hinüber in das Achte. Und der achte Tag ist, wie man sagt, der Tag der Erlösung.

Skorpion, hebräisch »akraw«, ist ein sehr merkwürdiges Zeichen. Der Name zeigt nur sozusagen die irdische Seite an; die andere Seite dieses Zeichens heißt in der Astrologie des Seins »nescher«, hebräisch für Adler. Man sagt, »nescher« und »akraw« stehen sich gegenüber wie der Gesalbte und der Anti-Gesalbte, wie Christ und Antichrist. Das Achte stellt sich nicht eindeutig als Erlösung dar, sondern seltsam doppelt. Wir wissen auch, daß der Erlösung ein Untergang, ein Durchbrechen des Satans, eine Finsternis vorausgeht. Dann erst ist die Erlösung.

Mit dem Achten wird dem Menschen ein merkwürdiges Ereignis mitgeteilt. Die Reihe ist ja noch nicht zu Ende. Weitere Zeichen kommen noch, die Kind-

Zeichen, wie sie genannt werden, also das neunte und zehnte und das dritte, vierte und fünfte. Es sind die fünf Zeichen, die als Frucht dessen kommen, was jetzt mit dem Männlichen erscheint: Schütze, Steinbock, Zwillinge, Krebs und Löwe.

Beim Achten ist also tatsächlich die endgültige Erlösung. Bedeutet das schon die Auferstehung der Toten und das Jüngste Gericht? Wir wollen uns bei dieser Frage nicht auf theologische Kontroversen einlassen, sondern von diesem Dreieck her zu verstehen versuchen, Einsicht in die Zusammenhänge zu gewinnen. Ich will aber nicht vorgreifen, sondern erst einmal vom Zeichen Skorpion erzählen.

Die irdische Seite dieses Zeichens zeigt den Biß, den Stich des Hinderers; es ist der Drache, der dich angreift, der immer bereitsteht, dich zu verjagen. Dem steht die andere, die Adler-Seite gegenüber. Der Mensch im Zeichen Skorpion erlebt permanent diesen Kampf mit dem Drachen. Er ist der erlösende Typus, der wirklich durchbrechende, der das Im-Bilde-Gottes-sein in sich trägt; aber fortwährend steht ihm als Herausforderung dieser Kampfgenosse gegenüber, der gleichsam mahnt: Du wirst mich nicht los, ehe du mich nicht kennengelernt hast. Das Wort für Kampf wird im Hebräischen in Begriffen des Den-anderen-kennenlernen ausgedrückt. Wer wird den anderen kennen? Ist es einseitig, oder von beiden Seiten? Niemals, heißt es, ist der Kampf zu Ende, wenn du sagst: Jetzt habe ich meinen Gegner kennengelernt. Die Frage ist dann: Hat er auch dich kennengelernt? Sonst war es gar kein Kampf, sonst hast du nur eine Art Aggression verübt und ihn unterdrückt. Du kennst ihn vielleicht, aber er kennt dich nicht.

Von Lehrer und Schüler wird gesagt: Dem Lehrer ist es verboten, den Schüler auszuhorchen und dessen Leben kennenzulernen und dabei selbst eine Art mysteriöser Sphinx-Typus zu bleiben, der von sich nichts zu erkennen gibt. Das kommt einer Unterwerfung des Schülers gleich und wird Unzucht genannt. Der Schüler soll den Lehrer genauso kennenlernen wie der Lehrer den Schüler.

Beim Skorpion-Zeichen bedeutet es: Der Erlöser lernt im Kampf den Drachen, die Schlange, den Hinderer kennen; aber auch die Gegenseite kennt dann den Erlöser. Der Sinn des Kampfes ist, daß beide sich kennenlernen. Jede Begegnung hat diesen Sinn. Die Erlösung kann nicht doziert werden. Das könnte den Drachen sogar erst recht aggressiv machen. Dann gerade bricht der Hinderer durch, weil du ihn kennengelernt hast, er aber dich nicht.

Der Mensch im achten Zeichen möchte gerade die Anti-Seite, die böse, die Todes-Seite kennenlernen. Von ihr im Kampf gefangen zu werden, ist seine größte Gefahr. Dann irrt er ohne den Adler — der manchmal auch als weißer Adler gesehen wird und damit dem schwarzen, dem Skorpion also, gegenübersteht — herum.

Man erzählt in diesem Zusammenhang die Geschichte vom König Salomo, wie sie auch in der Überlieferung vorkommt. Der Name Salomo bedeutet »Vollkommenheit« und »Friede« — im Hebräischen das gleiche Wort. Man hat nur Frieden, wenn das Kommen erfüllt, der Weg zu Ende ist. Der Weg ist noch ein Kommen, bis dann das Kommen voll, bis es volkommen ist. Deshalb heißt der Sohn Davids der Vollkommene. Dort herrschen Harmonie und Frieden.

Es wird also erzählt: Der König Salomo hat es erreicht, er hat das Haus Gottes in dieser Welt aufgerichtet. Gott wohnt nun in dieser Welt. Salomo sitzt auf seinem Thron, und sein Gegner, der Teufel, steht ihm gegenüber und sagt: »Schau, deine große Kraft kommt von diesem Ring, den du trägst, mit dem Namen des Herrn geprägt, mit dem Siegel Gottes. Darum bist du so groß. Gib mir für eine Sekunde nur diesen Ring, damit ich einmal spüre, wie das ist, wenn man das hat!« Und der König gibt — er will es eigentlich gar nicht recht — für einen Augenblick den Ring. Der Teufel aber, als er ihn hat, wirft ihn sofort weit weg ins Meer, ins Wasser, in die Zeit also, wo er versinkt. Jetzt setzt sich der Teufel auf Salomos Thron und gibt sich als Sohn Davids aus. Das ganze Volk, die Menschheit, betet ihn an und glaubt es.

Der wirkliche Sohn Davids aber irrt herum. Wo er sich zu erkennen gibt, sagt man ihm: »Du sagst nur, du seist der König, bist es aber nicht. Denn der König sitzt auf dem Thron dort. Du bist ein Lügner.« Wenn er sagt: »Ich bin der Sohn Davids«, lacht man und antwortet: »Der sitzt doch auf dem Thron in Jerusalem, wie kannst du es dann sein?« Da verfaßt Salomo, wie es heißt, das Buch Prediger. Eitelkeit über Eitelkeit, nichts stimmt, alles ist umsonst, die Welt ist sinnlos geworden — eine Skorpion-Erfahrung.

Auf seiner Irrfahrt durch die Welt kommt er an den Hof eines Königs, verdingt sich dort als Koch, und verliebt sich in die Königstochter, die auch ihn liebt. Da sagt der König: »Ein Koch? Das geht nicht!« Und er vertreibt sie von seinem Hof, weil seine Tochter den Koch doch haben will.

Die zwei gehen, heiraten, werden Mann und Frau.

Sie kommen an einen anderen Hof, wo Salomo wieder als Koch dient. Einmal soll er einen Fisch zubereiten. Er schlitzt ihm den Bauch auf und — hervor kommt der Ring, den der Teufel ins Meer geworfen hatte. Der Fisch hatte ihn verschluckt. Fische — davon habe ich schon gesprochen — bergen das Geheimnis. Nun hat er den Ring wieder und kehrt zurück nach Jerusalem. Der Teufel kriecht winselnd in die Ecke und läßt sich wieder an die Kette legen.

Das ist also auch eine Geschichte vom Hervorbrechen des Teufels, also eine Geschichte, die mit dem Menschen im Zeichen Skorpion Verbindung hat. Man sagt: Erlösend ist der Mensch, der in diesem Zeichen steht, obwohl er das Hervorbrechen der Gegenseite erlebt; dieses Erleben aber hat einen Sinn. Erst dann nämlich wird verstanden, was eigentlich das ganze Leid und Umherirren der Menschheit war. Es bedeutet, daß der Skorpion-Mensch selbst oft herumirren muß, dabei aber das Wissen hat: Ich bin der König Salomo, der Sohn Davids.

VIERTES KAPITEL

Der Drache mit den vielen Köpfen · Das Geheimnis der Barmherzigkeit · Das gespaltene Reich im Menschen · Die Geschichte der zwei Ziegenböcke · Endzeit · Die gefallenen Engel

Das Skorpion-Zeichen kommt nach der Waage; die Waage hat dann ihr Gleichgewicht gefunden, das richtige Gleichgewicht, sie steht still. Das bedeutet ein Überschreiten einer Grenze, das Kommen des Achten. Für uns ist dieses Gleichgewicht eigentlich unausdenkbar. Es würde bedeuten, daß es im Paradox, in dem wir leben, eine Lösung gäbe, daß links und rechts, gut und böse, Leben und Tod gleich wögen. So ist es aber nicht. Mal sind wir mehr zur guten Seite hingeneigt, mal mehr zur harten, bösen, und wir begreifen hier ein Geheimnis. Denn es ist ja nicht so, daß die böse Seite einfach ausradiert werden könnte, auch wenn wir das immer wollen und der guten Seite nachstreben. Wir sehen aber, daß diese andere Seite auch immer funktioniert.

Beim achten Zeichen zeigen sich diese zwei Seiten. Den Skorpion kennt man im alten Wissen, wie ich Ihnen schon sagte, auch als Drachen oder Schlange, welche tödlich verletzen möchte; das wäre dann sozusagen die böse Seite dieses Tierkreiszeichens. Die gute Seite aber kennt man als den weißen Adler, hebräisch »nescher«, oder aber auch im Bild der Taube, hebräisch »jona«. Der Adler, heißt es, trägt die Jungen auf seinen Flügeln; diese »Jungen« sind eigentlich die Taube. Solche Zusammenhänge kann ich hier nur andeuten, es würde viel zu weit führen, darauf jetzt näher einzugehen.

Das achte Zeichen ist das Zeichen des Sich-selbstkennenlernens bis zum Punkt, an dem man der Gottheit gegenübersteht und vernimmt: Das bist du. Dort steht man vor seinem Spiegelbild und spürt ein unerklärliches Verantwortungsgefühl, eine Unruhe, die in keiner Lage Frieden fand, sondern immer weitersucht. Den Menschen im achten Zeichen kennzeichnet ein Gegensatz von großer Spannweite. Und das Erfüllen dieses Zeichens bedeutet, daß der Mensch sich kennenlernt, indem er mit seiner Gegenseite in sich selbst eine Auseinandersetzung hat. Das Sich-kennenlernen meint auch, seine böse Seite, die tödliche, verstehen. Also kein Streichen dieser Seite, sondern ein Fragen: Was bedeutet das? Eine Art Neugierde, den Sinn des Bösen zu erfahren. Warum ist das Böse da? Es heißt: Du sollst das Böse ausrotten. Das möchte man schon, vor allem beim anderen, dann vielleicht auch bei sich selbst. Aber — und das ist die Frage im Zeichen Skorpion —: Warum ist das Böse *überhaupt* da? Kann es nicht ohne das gehen? Hier zeigt sich das Geheimnis der Welt: Der Drache, die Schlange ist schon am Anfang da und greift den Menschen an und läßt ihn eigentlich gesetzmäßig fallen, tötet ihn. Ohne die Schlange aber gäbe es gar keine Geschichte.

Die Schlange greift an. Damit beginnt ein großes Abenteuer, ein Erlebnis. Wir nun können nicht verstehen, warum dabei ständig Störungen auftreten. Warum eigentlich *bleibt* es nicht gut, wenn sich etwas wie ein Wunder zeigt, warum ist dann im Menschen sofort eine andere Kraft und läßt es nicht zu? Das eben möchte der Skorpion-Mensch gern kennenlernen: Das Geheimnis der Störung, des Verstörtseins, des Sich-verstört-fühlens. Er kann es nicht einfach als gegeben hinnehmen.

Es ist eine Art Sehnsucht nach Auseinandersetzung, nicht nur mit sich selbst, sondern auch mit dem Drachen. Und wenn er diesen — wie ein Adler, der hoch oben fliegt, — erblickt, stürzt er sich auf ihn. Der Adler trägt, wie man sagt, die Taube auf seinen Flügeln; im Bild der Taube also bringt er auch die »Botschaft« aus einer anderen Welt. Eben deshalb kann er die Auseinandersetzung haben, denn er besitzt nicht nur die Kraft, die der Drache auch hat, sondern noch eine andere Kraft, eine Kraft aus einer anderen Dimension. Damit kann er diesen Drachen bekämpfen. Der Ausdruck »listig wie die Schlange und sanft wie die Taube« erhält hier eine besondere Dimension.

Wir sehen, daß der Kampf nicht mit dem Tod des Drachen endet, sondern der Drache befreit sich dann wieder, die Unterwelt bricht wieder hervor. Das werden wir dann beim Besprechen des neunten und zehnten Zeichens sehen. Zwar wird, kann man sagen, der Drache besiegt; der Held aber hat, wie Siegfried im germanischen Mythos, eine verwundbare Stelle. Ein Blatt, das herunterfällt, bedeckt diesen Teil seines Körpers, so daß das Drachenblut dort nicht hinkommen kann. Auch Achilles hat doch diese bekannte Ferse.

Viele Geschichten der Überlieferung erzählen von diesem merkwürdigen Geheimnis: Zwar ist es ein Sieg, etwas aber bleibt, wodurch die andere Seite doch wieder hervorbrechen kann. Die Verwundbarkeit bleibt bestehen. Im Skorpion-Zeichen fragt sich der Mensch: Wenn ich schon gesiegt habe, warum ist der Sieg denn nicht endgültig? Was bedeutet es, daß das Böse, welches töten wollte, wieder hervorbricht? — Wir kennen den Drachen auch aus den Bildern der Offenbarung im Neuen Testament. Er spielt dort eine große Rolle, hat viele Köpfe und läßt sich so leicht nicht töten; gelingt es aber doch einmal — gleich aufersteht er wieder.

Der Mensch im Zeichen Skorpion will sich kennenlernen, in dem er die ganze Welt kennenlernt. Auf diese Weise glaubt er, ja, ist er überzeugt, sein Geheimnis zu verstehen, und nicht etwa, indem er sich auf sich selbst zurückzieht und sich analysiert. Seine große Erlösungssehnsucht — fast seine Sucht — ist, daß er alles kennenlernen, sich überall gern hineinmischen möchte, denn es gibt in ihm etwas Totalitäres. Das Pluralistische ist, könnte man sagen, bei solchen Menschen kein Fehler, sondern eine Charaktereigenschaft. Sie können sich nicht damit zufrieden geben, in ein großes Ganzes eingeordnet zu sein, sondern das Ganze muß sich gleichsam nach ihrem Taktstock bewegen. Das muß nicht unbedingt bedeuten, daß sie selbst nach außen Macht ausüben — das kann natürlich auch sein —, sondern in erster Linie ist es eine Forderung, die sie unentwegt an sich selbst stellen.

Dieser Typus im Menschen gibt sich nicht leicht zufrieden. Sagt man ihm, daß die Welt mit dieser großen Explosion, durch diesen »Urknall« entstanden sei, dann wird er fragen: Und woher kam der Urknall? Was knallte da? Wer hat's zum Knallen gebracht? Er fragt weiter. Bis er dann tatsächlich dem Drachen begegnet, dem Drachen als mythischem Wesen.

Mythos bedeutet eigentlich Wort. Im Wort ist etwas verborgen, eingeschlossen. Ein ganzes Leben ist im Wort. Das hebräische »teba«, das mit »Arche« — Arche Noah — übersetzt wird, heißt eigentlich »Wort«. Noah ist mit allem Leben, mit allen Tieren, mit allem Männlichen und Weiblichen im »Wort« da.

Der mythische Drache hat seine Entsprechung im Zeiträumlichen: Das, was verhindern will, daß man zum Ursprung, zum Urgrund kommt. Wenn man sich dem Urgrund nähert, ist man also in Gefahr. Der Drache als Anti-Gott gibt sich als Gott aus. So kann man auf dem Weg zum Urgrund in große Verwirrung geraten.

Der Mensch im Zeichen Skorpion aber ist der Erlösende, denn er will *alles* kennenlernen. Nicht nur kennt er dann sich selbst, sondern auch die Welt und den Sinn der Welt.

Im letzten Kapitel habe ich Ihnen schon die Geschichte vom König Salomo und dem Teufel erzählt. Der Teufel kam am achten Tag, könnte man sagen, zu Salomo, denn der Name Salomo bedeutet doch der »Vollkommene«, Salomo ist doch der Sohn Davids, des »Geliebten«. Salomo also, der alles kennt und durchschaut, hat plötzlich dieses Erlebnis mit dem Teufel, weil er barmherzig ist und den Ring für den Bruchteil einer Sekunde dem anderen gibt. Der aber benutzt diesen Moment, um den Ring ins Meer zu werfen, wo er im Wasser, in der Zeit, verschwindet.

Der Teufel, der Gegner, setzt sich dann auf den Thron und sagt: »Ich bin der König.« Die Menschen, die nur auf den Thron schauen und gar nicht unterscheiden, *wer* darauf sitzt, anerkennen ihn als König. Der dort sitzt, der die Macht hat, ist König. Salomo, der ganz verzweifelt umherirrt, sagt anfangs noch: »*Ich* bin doch König«, aber die Menschen verspotten ihn nur, drohen sogar, ihn einzusperren, wenn er das weiter behauptet, »denn«, sagen sie, »der König beweist doch durch sein Auf-dem-Thron-sitzen, daß er König ist.«

Salomo verdingt sich nun an verschiedenen Fürstenhöfen als Koch. Der Koch bereitet die Mahlzeit zu. Im Hebräischen enthält das Wort für Mahlzeit den Begriff des Geheimnisses (»se-uda« und »sod«); die Mahlzeit wird auf dem Tische angeboten. Tisch aber, hebräisch »schulchan«, hat als Stamm »schalach«, schicken.

Die Mahlzeit auf dem Tisch ist also sozusagen das Geschick, das Schicksal. Der die Mahlzeit zubereitet, bereitet das Schicksal. Salomo, unerkannt als König, ist also jetzt Koch, und ein Koch, der gilt bei den Leuten nicht viel.

Den weiteren Verlauf der Geschichte und ihr Ende — der Ring wird im Fisch gefunden, und der Teufel muß sich wieder in die Ecke verkriechen — habe ich Ihnen schon erzählt. Wichtig ist mir jetzt der Moment, durch den der Teufel überhaupt auf den Thron gelangen konnte. Es ist diese Regung der Barmherzigkeit, wie klein auch, die dem König das Schicksal bringt, unerkannt durch die Welten irren zu müssen, während der Falsche auf dem Thron sitzt.

Diese Regung des Mitleids spielt nach der Überlieferung auch in der Geschichte von Kain und Abel die entscheidende Rolle. Die Bibel sagt nur, daß Kain eifersüchtig wurde und Abel erschlug. Im Midrasch aber wird viel mehr von dieser Auseinandersetzung erzählt. Abel, heißt es dort, war so stark, daß Kain vor ihm fliehen mußte; Abel aber holte ihn ein und wollte ihn töten. Da flehte Kain ihn an, daß er ihm das Leben lassen sollte. Abel, der Sanfte, hatte Mitleid und verschonte ihn. Im gleichen Moment aber, heißt es, tötete Kain den Abel.

Sie erkennen darin das Bild der Natter, die man an seiner Brust wärmt, die aber, sobald sie zum Leben kommt, zubeißt. Die Barmherzigkeit birgt, wie sich in den alten Geschichten zeigt, ein Geheimnis. Man tut Gutes und es kommt gleichsam etwas Tödliches. Denken Sie an die Gestalt Jesu im Neuen Testament. Gerade weil er nur Gutes tut, wird er von allen verlassen und alle schauen zu, wie ihm Böses geschieht. Er hätte, könnte man sagen, nicht so viel Gutes tun sollen, nicht so auffallen sollen damit, dann wäre es nicht zu diesem Ende gekommen.

Was bedeutet diese Barmherzigkeit? Wir sehen, daß ihr Geheimnis gerade darin besteht, daß die Geschichte durch die Barmherzigkeit überhaupt erst in Gang kommt. Ohne das Mitleid käme auch alles andere nicht. Die Barmherzigkeit ist also ein Fundament, welches wir hier noch nicht verstehen können. Das gilt vor allem auch für den Menschen im Zeichen Skorpion. Gern ist er barmherzig, kann es nicht lassen, obwohl er weiß und gleichsam prophezeien kann, daß alles schiefgeht. Eine merkwürdige Einstellung zum Leben, nicht nur anderen, sondern vor allem seinen eigenen Regungen gegenüber, die auch durchbrechen wollen.

Im Zeichen Skorpion, dem letzten der männlichen Zeichen, spielt sich diese Auseinandersetzung, dieses Kennenlernen der Welt und des Selbst, ab. Sie ist entscheidend, sie ist erlösend. Es scheint dabei aber auch das Andere hervorzubrechen. Die Bibel erzählt dann auch von Salomo, daß er die Tochter des Pharao heiratet, und das wird ihm als böse angerechnet. Nach der Überlieferung tat er das nicht, weil er ausgerechnet eine ägyptische Frau haben wollte, sondern, weil er ihr die Freude schenken wollte, Königin in diesem Reich zu sein; sie war allein und sehnte sich sehr — da wollte er ihr eine Freude machen.

Entsprechend deutet die Überlieferung auch Josephs Verhältnis zur Frau des Potiphar. Potiphar, heißt es, war ein »Kastrierter«. Seine Frau also hatte zwar ihre hohe gesellschaftliche Stellung im Reich, aber keinen Mann. Es bedeutet: Die Welt, wie sie erscheint, sehnt sich sehr nach dem richtigen Mann, denn der Mann, den sie hat, ist eigentlich keiner, sie kann von ihm keine Frucht hervorbringen. Er kann mit ihr spielen, ihr Geld geben, mit ihr Spaß haben, aber ein Mann ist er nicht. So zeigt Joseph, wie die Überlieferung erzählt, die Barmherzigkeit der anderen Seite. Er möchte dieser Welt, die allein ist, helfen.

Die Kommentare, sogar der populäre Raschi-Kommentar, sagen: Joseph gab sich mit dieser Frau des Potiphar ab. Nicht in dem Sinn, daß er mit ihr schlief, aber doch fast, könnte man sagen. Warum tat er das? Er hatte Mitleid. Ihr Mann war doch kein Mann. Das gleiche wird von Salomo gesagt: Er erbarmte sich der Tochter des Pharao und nahm sie zur Frau. Damit, sagt die Überlieferung, wurde die Grundlage für das mythische Rom gelegt, unter welchem der Tempel verbrennen wird. Damit auch kommt die Trennung des Reichs.

Es ist der Moment, in dem sich im Menschen etwas spaltet: Zwei Wirklichkeiten entstehen. Das *eine* Reich wird zum gespaltenen Reich: dem Zweistämme-Reich Juda und dem Reich Joseph der zehn Stämme. Und diese Reiche bekriegen sich, weil sie einander nicht mehr verstehen. Im Reich Juda herrscht eine Dynastie, das David-Geschlecht; ein Faden ist da, der weiter verbindet. Das Reich Josephs hat immer neue Könige, im allgemeinen übernimmt nicht der Sohn oder Enkelsohn die Herrschaft. Zwischen den beiden Reichen bestehen große Gegensätze. Beide aber werden von Gott, vom Himmel geliebt. Das ständig abtrünnige und sich gegen ihn auflehnende Zehnstämme-Reich nennt Gott sein »geliebtes Kind Ephraim«; die großen Propheten, Elia, Elischa und Jonah sind Propheten in Israel. Juda hat andere Propheten, z. B. den Jesaja, Jeremia, Hesekiel.

Man kann also das Reich Israel nicht einfach als abtrünnig und »weltlich« abtun. Von Gott wird es sehr wichtig genommen. Mit unseren Maßstäben möchten wir es gern als »sündig« und »verwerflich« hinstellen, das andere Reich dagegen »gut« nennen. Im Mysterium aber ist es anders. Dort wird nicht in diesem Sinne bevorzugt und geurteilt.

Salomos »gute« Tat bringt die Spaltung und das Exil. Nach dem achten in der Reihe der Generationen nach den 26 des Kerns, nach Salomo, dem Sohn Davids, teilt sich das Reich. Im Menschen spaltet sich das Diesseitige, Faßbare von einer Wirklichkeit, die hier nicht greifbar ist, aber in der Vorstellung, der Empfindung, in der Phantasie und in den Gefühlen existiert; im konkreten Daseienden ist sie nicht nachweisbar. Diese andere Wirklichkeit läßt es z. B. ohne weiteres zu, daß viele Menschen zur selben Zeit und am selben Ort zugleich da sind, während hier im Konkreten doch immer das Entweder-Oder gilt.

Man sagt vielleicht: »In meiner Phantasie habe ich mir das vorgestellt, aber wirklich war es nicht so.« Wer sagt dir, daß deine Phantasie nicht wirklicher ist als deine konkrete Wirklichkeit? Ist deine Wirklichkeit nicht arm und einseitig, deine Phantasie aber reich und vielfältig? — »Hier aber«, sagst du, »*hier* möchte ich es so gern haben!« — »Was bedeutet ›hier haben‹?« frägt die andere Stimme, »alles hier fließt doch weiter, wie lange hast du's hier? Einen Tag, zwei Tage? Wirst müde, beginnst dich zu langweilen, wenn du's zu lange hast. Du möchtest Abwechslung. Es ändert sich. Und doch willst du es ›hier haben‹?« — »Ja, dort kann ich es nicht tasten.« — »Vielleicht ist Tasten ein Verlieren?«

Solche Reden gehen oft im Menschen hin und her, denn zwei Wirklichkeiten sind bei ihm da. Wenn er die eine als »nicht wirklich« verdrängt und ablehnt, dann meldet sie sich auf sehr merkwürdige und eindrückliche Art: Sie bricht hervor und zeigt ihm seine Gespaltenheit, wendet sich gegen ihn und macht ihn krank. Dann sieht er in diesem Leben hier Gespaltenheit und hat Angst vor dem Anderen, das er als »nicht wirklich genug« mißachtet.

Man könnte von dort her manche Einsicht in die Psychologie und Psychiatrie gewinnen. In einer Welt, die einseitig das Naturwissenschaftliche betont, vom Anderen aber nichts hören will oder es ins Hinterstübchen verbannt, meldet sich gerade das Andere, drängt hervor und stellt sich in bedrohlicher Weise dem Menschen gegenüber. Und läßt der Mensch es nicht zu, richtet es ihn zugrunde, frißt ihn, verzehrt ihn. Das ist der Kampf zwischen diesen beiden Reichen, die getrennt sind.

Der wahre Mensch kommt erst wieder zustande, wenn die beiden Reiche vereinigt sind. Davon wird in der Bibel beim Propheten Hesekiel erzählt. Auf Gottes Geheiß soll der Prophet zwei Stücke Holz — zwei »Bäume«, müßte man eigentlich übersetzen — nehmen und auf das eine »Haus Juda«, auf das andere »Haus Joseph« schreiben. Und Gott sagt ihm: Bringe die beiden Stücke zusammen, daß sie einswerden. Dann schaut Hesekiel in einer Vision, wie in einer Ebene voller Knochen diese sich zu Skeletten zusammenzufügen beginnen, Sehnen und Fleisch erhalten, und am Ende sogar Leben hineinbekommen und Auferstehung ist.

Unser Leben ist, wie das *eine* Reich, in Leben-Tod gespalten. Tod herrscht, wenn wir ihn verdrängen und er sich dafür ins Leben drängt und das Leben unerträglich, unlebbar macht.

Ich komme jetzt zu den fünf Tierkreiszeichen der Kind-Gruppe. Sie haben, im Unterschied zu den vier weiblichen und den drei männlichen Zeichen, keine zusammenhängende Reihenfolge. Diese Gruppe besteht nämlich aus dem dritten, vierten und fünften sowie dem neunten und zehnten Zeichen. Man könnte sagen, daß diese Gruppe einerseits vom sechsten, siebten und achten Zeichen des Männlichen und andererseits von den Elf-Zwölf-Eins-Zwei des Weiblichen unterteilt wird. Das Kind hat also Vater und Mutter in sich.

In der Überlieferung werden diese fünf Frucht-Zeichen oder Resultate oder Resultanten in einer gewissen Reihenfolge besprochen. Man beginnt mit dem zehnten, Capricornus, dann folgt das neunte, Sagittarius, weiter dann das dritte, Gemini, das vierte, Cancer, und als letztes Leo, das fünfte Zeichen.

Sie werden jetzt vielleicht verstehen, daß es sehr aufschlußreich sein kann, welcher Zeichen-Typus beim Menschen überwiegt: Männlich, weiblich oder Kind. Der Wassermann zum Beispiel, dem konkreten, dem weiblichen Typus zugehörig, ist — wie wir gesehen haben — gar nicht einer, der nur konkret denkt; im Gegenteil: Er sehnt sich gerade nach dem Anderen, dem Nicht-Konkreten. Hier im Leben also, in der Form, ist es beim Wassermann auf andere Weise ersichtlich als es im Männlichen, im Verborgenen des Menschen geschieht, im Geheimen, in seinem Innern, in der Er-innerung. Im Hebräischen sind die Begriffe ›Erinnerung‹ und ›männlich‹ identisch. Das Männliche ist *im* Menschen da.

Die Frucht dagegen ist etwas im Menschen, wonach er sich sehnt. Er hat sie nicht, weiß von ihr nicht sicher, ob sie kommt. Er kann nicht so recht an sie glauben, wie Abraham, der sagt: »Bekomme ich tatsächlich einen Sohn? Wird das auch wirklich geschehen können?«

Das erste der fünf Kind-Zeichen, Steinbock, heißt im Hebräischen »gedi«, Ziege, Ziegenbock. Die Geschichte dieses Zeichens ist die Geschichte von den zwei Böcken, die wir aus der Bibel kennen (3. Mose 16, 5-34). Auch hier, wie bei allen Zeichen, die wir bis jetzt besprochen haben, zeigt sich gleich ein Doppeltes, zeigen sich Gegensätze, zeigt sich ein Sich-ken-

nenlernen. Jedes Tierkreiszeichen enthält eigentlich dieses Kennenlernen als Modell in sich.
Am besten kann ich Sie in dieses Zeichen einführen, indem ich von dieser Geschichte in der Bibel spreche, die von der Überlieferung weiter ausgearbeitet wurde und die in der Kabbala eine wichtige Rolle spielt. Im dritten Buch Mose ist davon die Rede, daß an einem bestimmten Tag zwei Ziegenböcke in den Tempel gebracht werden sollen. Einer, heißt es, ist als Opfer für den Herrn bestimmt, der andere für Asael. Der Tag, an dem das geschieht, ist der zehnte Tag im Jahr. Das jüdische Jahr beginnt mit dem Tag der Erschaffung des Menschen. Dieses Neujahr aber wird an den zwei ersten aufeinanderfolgenden Tagen des Jahres gefeiert, denn die Erschaffung des Menschen geschah nicht *ein*deutig nur hier, sondern hier und dort, sichtbar und unsichtbar. Jom Kippur heißt der zehnte Tag nach Neujahr. An diesem Tag wird etwas Neues geboren, etwas Altes geht unter: Es ist der Tag der Entscheidung.

Wenn dieser Tag sich seinem Ende zuneigt, am Nachmittag also, — der biblische Tag beginnt mit dem Abend und hat als zweite Hälfte den Tag —, liest man im jüdischen Brauch das Geschehen im Tempel mit den zwei Ziegenböcken, nachdem man am Vormittag die Stellen im 3. Buch Mose aus der Thora vorgelesen hat. Dann, an der Grenze zum Dunkel stehend, spricht man die Worte, die man auch mit einem Sterbenden sagt, umhüllt mit dem Gebetsmantel, als ob man stirbt, auch den Kopf. Danach, nach diesem »Sterben« am Ende des zehnten Tages, kommt ein neues Erwachen, ein Erwachen aus dem Tode, mit dem Ton des Widderhorns, des Schofar. Neues Leben kommt. Der zehnte Tag entscheidet mit seinem Ende über das Weiterleben. Und an diesem zehnten Tag spielt die Geschichte mit den beiden Böcken.

Das Zehnte ist das Letzte, denn die Reihenfolge 1, 2, 3 . . . endet bei der Zehn, oder, wie hier bei den Tierkreiszeichen, das Erste, nämlich das erste Frucht-Zeichen. Es gehört mit dem Widder, dem ersten Zeichen, und dem Stier, dem zweiten, zu den drei Zeichen jener Tiere, die Hörner tragen. Das sind auch die drei Tierarten, die in der Bibel als »Opfertiere« genannt werden.

Sie wissen nun schon, hoffe ich, daß es sich bei den Opfern nicht um ein Massenschlachten von Tieren handelt. Das Opfer, also das Sich-Gott-nähern, geschieht in einer — sagen wir einmal — mythischen Welt, die wir für »unwirklich« halten, geschieht in der »unwirklichen« Seite des getrennten Reiches. Dort ist das Haus Gottes. Hier nennt man es das Erscheinen, das Wohnen Gottes in der Welt. Hier, im konkreten Diesseits, ist das Haus Gottes verschwunden oder, mit anderen Worten, verborgen. Hier im Diesseits wissen wir nicht, wo man Gott finden kann; vielleicht überall, vielleicht nirgends. Der eine spürt ihn im Gebet, der andere in der Versenkung. Man kann es glauben oder nicht. Es ist damit, wie mit der ganzen Geschichte der Bibel, wie mit der Welt des Mythos: Eine Welt, die für uns hier nur im Wort besteht. Begegnen können wir ihr im Wort, indem wir das Wort in uns aufnehmen; dann wirkt die Welt auf uns.

In unserer diesseitigen Welt kann man nur Entsprechungen zur Welt des Mythos finden. Dort, im Mythos, gilt tatsächlich »Auge um Auge, Zahn um Zahn«, das heißt: Dort stimmt es genau. Hier aber kann nur eine Entsprechung gelten. Hier kann man die Dinge nur *stimmen* lassen, indem man nicht urteilt, indem man sanft sich zu den Dingen verhält, auch wenn man von ihnen überrannt zu werden droht. Da ist ein Geheimnis. Zieh dich zurück, verzeihe, urteile nicht, wie es auch sei, heißt es. Denn du weißt nicht, wie es sich mit allem eigentlich verhält. In der Erscheinung ist nur eine gewisse Zeitspanne wahrzunehmen, ein beschränkter Raum. Alles andere bleibt verborgen.

Im Raum spielt sich viel mehr ab, als man glaubt. Im Hebräischen lautet ein Name Gottes »makom«, das bedeutet »Raum«, »Ort«. Als »Ort« wird Gott gepriesen und gelobt. Das will auch sagen: Du siehst nur eine Art Hülle vom Ort, aber nicht den eigentlichen Ort.

Die heutigen PSI-Wissenschaften zeigen uns merkwürdige Grenzerscheinungen an der Peripherie zum Unsichtbaren. Wenn sich schon so etwas an der Grenze zeigt — wieviel mehr muß es dann dort geben, wo wir weder etwas sehen noch es jemals hier sichtbar machen können!

Der Ort, könnte man deshalb sagen, enthält viel mehr, als wir im Raum sehen. Was wir hier historisch und geographisch zum Beispiel als Jerusalem feststellen, das ist, sagt man, nur die eine Seite des Ortes; den wahren, den ganzen Ort sieht man nicht. Man spricht ja auch vom »himmlischen Jerusalem«, aber ich weiß nicht, ob das richtig verstanden wird, denn: Was bedeutet Himmel? Meist verbindet man damit etwas sehr Entferntes. Es ist doch aber auch der Himmel über uns, der den ganzen Kosmos ausfüllt, also uns genau so nah ist wie der Tisch, an dem wir sitzen. Der Himmel ist nicht weit weg; wenn du ihn aber im *Raum* suchst, mit den Maßstäben von Raum und Zeit, dann rückt er für dich in unendliche Ferne, wird unauffindbar.

Wenn die Bibel vom Tempel spricht, dann bedeutet es, daß dieser Ort da ist. Man kann ihn aber nicht sehen. Unsere irdische Geschichte und Geographie führt uns in die Irre, denn sie zeigt uns nur die *eine* Seite, die Gegenseite berücksichtigt sie nicht. Mit den zeiträumlichen Maßstäben ist daher keine Klärung des Ortes »Tempel« möglich.

Die Bibel spricht vom Opfer in dem Sinn, daß ein Tier dargebracht wird. Hier bedeutet es: Das Bringen deiner erscheinenden Existenz, deines Leibes. Damit ist ausgedrückt: Du hast eine Sehnsucht nach dem Anderen, du sehnst dich nach dem Ursprung, der weder sichtbar noch hörbar, noch aussprechbar ist, du sehnst dich nach dem schweigenden Ursprung. In eine Ferne, die dich schützt und umhüllt wie der Mutterleib das ungeborene Kind. Du sehnst dich zurück, zum Anderen, zu Gott. Diese Sehnsucht in dir bedeutet »korban«, ein Wort, das üblicherweise mit »Opfer« übersetzt wird, eigentlich aber »sich nähern«, »näherbringen« bedeutet. Wir nähern uns, indem wir uns sehnen, einer anderen Dimension.

Gleichzeitig aber ist in uns eine andere Kraft wirksam — Bild der Waage! —, die fühlen läßt: Diese Welt kann man doch nicht lassen, sie ist schön und trägt ein Geheimnis, vielleicht das gleiche Geheimnis, wonach du dich sehnst. Die Ferne, wonach du dich sehnst, ist eigentlich hier. Du brauchst nicht weit weg.

Denken Sie an die Geschichte von der Opferung Isaaks: Einerseits verspricht Gott dem Abraham, daß sein Sohn, sein Same diese Welt besitzen und bewohnen werde, andererseits fordert er zugleich von ihm, ihm den Sohn zu bringen, also weg von hier. Das ist paradox. Es wäre doch schön, wenn alles bliebe, alle Barrieren fielen und wir uns verstünden. Wir brauchten dann keine Masken mehr hier, wären durchschaubar, ganz, brauchten nichts mehr zu verbergen. Ja, das möchten wir gern. So ist es aber nicht. Wir verstehen uns gar nicht. Was einer wirklich meint — wie kann man es prüfen? Wie kann ich wissen, wie der andere wirklich zu mir steht? Wir sind uns fremd, und wünschen uns doch so sehr, vertraut miteinander zu sein. Immer also dieses Paradox: Wir möchten es gern behalten und spüren dabei, daß es sich uns entzieht. In diesem Paradox lebt der Mensch.

Ich komme zurück zum »korban« der zwei Ziegenböcke. Wie ist das in der Entsprechung hier zu verstehen? Der Ziegenbock ist ein Bild, welches vom Ende einer Welt, vom Ende einer Phase erzählt. In der Bibel wird das Ende einer Phase auch mit dem Wort »gut« bezeichnet — »Und Gott sah, daß es gut war, und es ward Abend . . . « —, hebräisch »tow«, 9 - 6 - 2, also identisch mit der Zahl 17.

Im Moment, wo es »gut« ist, endet es auch. Nach biblischer Zeitrechnung kommt die Sintflut gerade im 17. Jahrhundert. Joseph wird verkauft, als er 17 Jahre alt ist; und Sie wissen, daß die Brüder den Vater täuschen, indem sie Josephs Rock in das Blut eines Ziegenböckleins tauchen. »Gedi«, Ziegenbock, schreibt sich 3 - 4 - 10, ist also ebenfalls mit der Zahl 17 identisch.

Das Zehnte kündigt immer ein Ende an, welches sich in der 17 ausdrückt. Geht etwas zu Ende, ist diese 17 da. Als Mose aus Ägypten fliehen muß, ist er nach einer Überlieferung 17 Jahre alt. Das »goldene Kalb« — eine Art Weltuntergang — wird am 17. des vierten Monats gemacht. — Auch der Begriff »gut« bedeutet, wie ich sagte, ein Ende. Verstehen wir, was »gut« eigentlich meint?

Am zehnten Tag des Jahres werden also im Jenseitigen zwei dieser Tiere gebracht. In der Entsprechung bedeutet es: Beim Menschen ist im Zeichen des Ziegenbocks jetzt die Suche, die Sehnsucht nach einem Ende, aber auch das Bewußtsein, ein Ende zu haben. Es ist diese Endzeit, von der in der Bibel gesprochen wird. Gemeint ist damit nicht das ferne, einmal eintretende Ende einer Zeitlinie, sondern das immerwährende Ende jeden Augenblickes. Jeden Tag, jeden Moment ist Endzeit. Wir stehen immer an der Grenze.

Der Mensch im Zeichen Steinbock ist sich konkret bewußt, daß der Moment entscheidend ist, aber — merkwürdig genug — entscheidend in einer Zweiheit. Einerseits das Streben nach Gott — der eine Bock will gern ein »korban« sein für den Herrn —, andererseits eine Neigung zum Teufel — der andere Bock geht zu Asael.

Wer ist nun dieser rätselhafte Asael? In Geschichten der Überlieferung wird von einer Auseinandersetzung der himmlischen Heerscharen, der Engel, erzählt, die stattfindet, bevor die Schöpfung kommt. Es gibt im Himmel von einem Teil der Engel, heißt es, Widerstand gegen das Erschaffen des Menschen. Gemeint ist der Mensch überhaupt, also, wie es im Christlichen ausgedrückt wird, der »Sohn des Menschen«, der Messias. Es ist der Mensch, der Gott dem Vater als Sohn gegenübersteht und das »Das-bist-du« spricht, die Einheit erkennt. So berichtet die Überlieferung, daß Abraham und Isaak sich so vollkommen gleichen, daß man sie nicht voneinander unterscheiden kann. Da bittet Abraham um ein anderes Aussehen. So kam das Altern in die Welt, damit der Vater vom Sohn unterschieden werden kann.

In der Kabbala heißt der Vater auch der »heilige Alte«, aramäisch »atika kadischa«, und der Sohn »seer anpin«, was man mit »Kleingesichtiger« übersetzen könnte. Diese beiden stehen sich gegenüber wie Gott und Mensch einander gegenüberstehen und eigentlich nicht voneinander zu unterscheiden sind. — Ist zum Beispiel ein Mensch am Ertrinken, *mußt du* ihn retten; natürlich könntest du sagen: Gottes Allmacht wird ihn retten. *Du* aber bis jetzt Gottes Allmacht, du mußt handeln.

Wer aber handelt eigentlich? Die Allmacht. Das aber bist du, denn tatsächlich steht es ja auch in deiner Macht, ihn ertrinken zu lassen. Du spürst plötzlich, daß du mit deiner Entscheidung allein stehst. Du könntest auch sagen: »Ich bete für ihn«, und nach Hause gehen. Das wäre dann ganz leicht für dich. Es verhält sich aber so: Du bist verantwortlich, kein anderer ist jetzt da als nur du. Da mag sich der Mensch dann fragen: Bin ich so wichtig? Was bin ich schon? Was kann auf mich gebaut werden? — Und doch ist es entscheidend, was dieser Mensch im nächsten Augenblick tun wird.

Ein Teil der Engel sagt vor der Schöpfung: »Dieser Mensch? Nein! Das würde eine Katastrophe bedeuten. Der Mensch wird nicht imstande sein, die Liebe, die ihn zum Erscheinen in der Welt unten bringt, zu verstehen. Er wird es nicht können, er wird nur sich selber sehen und damit sein Gegenüber, Gott also, angreifen und verleugnen.« Dieses Gefühl, daß der Mensch es nicht *kann*, bedeutet aber auch ein Nichtgönnen, einen Neid. Warum sollte etwas, das aus Liebe entsteht, etwas nicht können? Gib ihm doch eine Chance. Diese Engel, Boten Gottes, zeigen auch das Zögern bei Gott, denselben Gedanken: Wird die Liebe auch verstanden werden? Denn Liebe enthält die vollkommene Freiheit des Geliebten und des Liebenden. Freiheit also auch zu Haß, zu Neid, zu Ablehnung.

Diese Engel kommen aus der Freiheit des Bösen hervor. Sie wollen das Geboren-werden des Menschen verhindern. Der Kampf hat seine Entsprechung in den Geburtsschmerzen.

Zwei dieser Engel treten mit Namen hervor: Schemchasi heißt der eine, Asael der andere. Sie werden »gefallene Engel« genannt. Die hebräischen Buchstaben Ajin-Sajin von Asael bilden ein weiteres Wort für »Ziege«; Asael ist also ein »Ziegen-Engel« (vgl. auch »Wie sie den Anfang träumten«, S. 87 ff).

Was geschieht, wenn diese beiden Engel dort protestieren, was tun sie dem Menschen? Sie bringen ihn zu Fall. Auf welche Art? Sie beginnen damit, dem Menschen alles zu erklären, heißt es. Sobald dem Menschen erklärt wird, gerät er ins Fallen. Sie bewirken, daß der Mensch denkt. Im Hebräischen steht für »denken« und »rechnen« dasselbe Wort: »chaschaw«. Denken ist eine Rechnung, es ist kausal und soll es auch sein. Das logische Denken muß, wie das Rechnen, stimmen. Da ist kein Platz für Phantasie.

Die beiden Engel lehren den Menschen also das Denken und Rechnen. Die Überlieferung nennt den Satan auch den Engel, der zuviel gedacht hat, der zuviel erklären wollte. — Daher auch mein Abscheu gegen die Berechner biblischer Zeiten. Eben das entzieht sich jeder Berechenbarkeit. Die Versuchung, zu berechnen, wann das Ende der Zeit sein wird, ist stark. Aber — was hat man schon von der Proklamation einer Erlösung als politisches Ereignis in irgendeiner Zeit-Ferne, wenn man jetzt weiterleben muß, mit Zwängen, Hysterie und Ängsten? Verliert nicht die Erlösung als generelles Ereignis in der Zukunft jede Bedeutung für uns, wenn wir spüren, daß doch alles so wie jetzt weitergeht?

Die Größe des Neuen Testamentes besteht doch darin, daß es den Menschen persönlich anspricht. Das Alte Testament spricht den Menschen in mythologischen Begriffen an. Dieses eine Volk, wovon das Alte Testament der Bibel spricht, gibt es so historisch gar nicht. Es gibt in den Völkern nur Mischungen guter und schlechter Typen, aber kein Volk, das gut ist, kein Volk, das böse ist. So etwas zu proklamieren, wäre ein Zwang. Alle Völker, alle Menschen sind in dieser Hinsicht gleich. Hier in unserer konkreten Welt kann man niemals sagen: Dieses Volk ist gut; jenes aber ist böse und muß ausgerottet werden. Im Mythos aber *ist* es so, und dort hat es seinen Sinn. Wir müssen aber gut verstehen, was es in der Entsprechung hier bedeutet. Wenn im Mythos von »siebzig Völkern« gesprochen wird, dann ist damit immer gemeint: siebzig Völker *im* Menschen; wieviel es außerhalb gibt, weiß man nicht.

Im Neuen und im Alten Testament der Bibel treffen sich die zwei Weisen der Ansprechbarkeit des Menschen: die persönliche und die mythologische. Und von der Erlösung wird gerade in der persönlichen Anrede erzählt, die sich natürlich auch im mythologischen

Bereich vollzieht. Denn wenn man das etwa geschichtlich und geographisch sehen wollte, kämen doch gleich Fragen wie: Und wo ist dann diese »Hölle« mit »Heulen und Zähneknirschen«? Hier gibt es sie nicht, hier, im Konkreten, müssen wir ihre Entsprechung suchen.

Im Neuen Testament werden doch auch Kriege, Seuchen und Verfolgung angekündigt. Verstehen können wir das nur, wenn wir wissen, was mit diesen Begriffen in der Entsprechung hier ausgedrückt werden soll. In der Kabbala werden die gleichen Bilder gebraucht. Man erklärt dort: Es handelt sich dabei in erster Linie nicht um Kriege, wie man sie hier historisch erlebt; gewiß, auch die können sehr schlimm sein. Schlimmer aber und dich immer angehend ist der Krieg, in dem man eigentlich in Frieden lebt, sich aber einsam fühlt und angegriffen. Was hilft es, zu schreien: »Ich bin allein, wer hilft mir?« Du bist einsam und niemand hört dir zu. Oder du mußt einen Therapeuten dafür bezahlen, daß er dir zuhört. Dieses Weinen, dieses Sich-verloren-und-angegriffen-fühlen — das vor allem sind die Kriege, von denen die Bibel spricht.

Dem Sich-verloren-fühlen im Menschen entspricht aber auf der anderen Seite ein Vertrauen. Das Einseitige des Entweder-Oder gilt im Menschen nicht. Zu den fünf Jungfrauen, die kein Öl in ihren Lampen haben, gehören immer die fünf klugen, die es haben. Die Zehn im Bild der Waage von Fünf und Fünf, wie die fünf Finger der rechten zu den fünf Fingern der linken Hand sich verhalten.

Das Erklären-wollen, der Drang zum Erklären führt, wie wir gesehen haben, zum Fall der Welt. Das heißt: Die Engel kommen aufgrund dieses Erklärens hinunter in die Welt und mischen sich hier, wie erzählt wird, mit den Töchtern der Menschen. Die Kinder, die aus diesen Verbindungen hervorgehen, werden die »Riesen« genannt. Der Riese im Mythos ist ein Bild für die gewaltigen Kräfte und Möglichkeiten im Materiellen, in der Welt des Erscheinenden. Er ist, könnte man sagen, eine Kraft und Möglichkeit der Explosion.

Durch diese Riesen kommt die Sintflut. Die Menschen im Wasser, in der Schwemme der Zeit. Das hebräische Wort für Sintflut, »mabul«, ist vom gleichen Stamm wie das Wort für Verwirrung »bilbul«, hier also Verwirrung durch Zeit. Die Erfahrung mit dem Geschehen in der Zeit wird so, daß sie den Menschen untergehen läßt. Man stirbt an zuviel Zeiterlebnis. So gehen die Riesen unter. Einer aber, mit Namen Og, überlebt, indem er sich auf Noahs Arche rettet; er kommt also auch in Beziehung zum »Wort« — hebräisch »teba«, Arche, bedeutet auch »Wort« — und bleibt damit am Leben.

Dieser Riese Og steht immer am Ende der Zeit, am Ende des Weges, wenn das Gelobte Land in Sicht ist. Er versperrt dort den Zugang, will den Menschen nicht durchlassen. Wie z. B. auch der Riese Goliath. Die Riesen stehen am Ende, an der Entscheidung.

Asael und Schemchasi, die gefallenen Engel, werden, wie es heißt, mit dem Kopf nach unten aufgehängt. Fortwährend wollen sie dem Menschen alles so erklären und deuten, daß er es mit seiner Vernunft versteht, es eben deshalb aber nicht erleben kann. Das viele Denken macht ein Erleben unmöglich. So stirbt er am Denken.

Im Bild der zwei Böcke drückt sich aus, was der Mensch in sich hat: Einerseits die Sehnsucht nach dem

Herrn und auf der anderen Seite die Neigung zu Asael. Am zehnten Tag des Jahres entscheidet das Los — also der Zufall würden wir sagen —, welcher der beiden für den Herrn ist und welcher für Asael. Nicht die Vernunft, der Verstand, entscheidet, sondern aus dem Sein kommend das Schicksal, das Los. Der eine Bock, der für den Herrn, wird dann zum Hohepriester geführt, während der andere von einem »isch itti«, wie es im Hebräischen heißt, von einem »Zeitmenschen«, in die Wüste zu einem Felsen gebracht und dort hinuntergestürzt wird.

FÜNFTES KAPITEL

Im Zeichen des Steinbocks: Zerschellen in Vielheit oder Erkennen der Einheit · Der Schütze-Mensch erhofft die Frucht · Das Zwillingspaar Jakob und Esau · Die Frage nach dem Sinn des Leids · Der Kampf mit dem Engel · Sein und Werden im Zeichen Krebs · Der Löwe als messianisches Zeichen · Der Mensch als König · Simsons Untergang · Das Geheimnis des Dreizehnten

Wir sehen beim Tierkreiszeichen Steinbock im Bild der zwei Ziegenböcke die beiden Seiten des Menschen, die immer in ihm sind. Keiner könnte sagen, bei ihm gelte nur der eine Bock und der andere nicht. Sicher, die Suche nach einem Gleichgewicht, wie wir im Bild der Waage sahen, könnte da sein. Oder es mag tatsächlich der Bock für den Herrn sehr schwer wiegen und der für Asael ganz leicht — aufgehoben ist dann die Asael-Seite aber nicht. Man sagt sogar, es sei wichtig, daß sie da ist im Menschen. Dadurch wird der Mensch gereinigt, durch die Konfrontation geläutert. Ja, Asael meldet sich, denn er möchte gern den Sinn wissen, warum er diese Erklärungssucht im Denken hat, diese Sehnsucht, alles in Vielheit wahrhaben zu wollen. Wir sehen das heute in den unüberschaubar gewordenen Spezialisierungen der Wissenschaften; die Bücherflut nimmt kein Ende, man spürt, es ist sinnlos.

Der Bock, der vom Felsen zu Asael hinuntergestürzt wird, zerbricht, wie gesagt wird, in unzählbar viele Teile. Wer diesen Weg geht, endet in einer unendlichen ausweglosen Vielheit. Man sieht das zum Beispiel auch manchmal bei Leuten, die beim Berechnen eines Horoskops fast verzweifeln. All die vielen Beschreibungen, die aufzeigen, was alles auch miteinbezogen werden sollte und könnte! Da kann man, würde ich sagen, ebensogut einfach abwarten, was kommt, statt es vorausberechnen zu wollen. Wenn man, immer neue Nuancen berücksichtigend, fortwährend weitere Berechnungen anstellen muß — wo endet es? Tatsächlich, will man es auf diese Art finden, müßte man exakt immer weiter rechnen, immer weiter interpretieren — ohne Ende.

Nun gibt es aber eine andere Seite, von der her auf andere Art eine Einsicht kommt, die gar nicht durch eine Vielheit geht. Der Ziegenbock für den Herrn wird aus dem Kreis, in dem er gefangen ist, befreit und in die Wohnung Gottes geführt, hinein bis ins Allerheiligste. Ein Weiser, heißt es, der alle »siebzig Sprachen« und alle »siebzig Wissenschaften« kennt, hat seine Kenntnis nicht aus Büchern.

Die Neigung zu Asael zeigt sich gar nicht als »Teuflisches« im Menschen, wie man es sich als Perversität gern vorstellt. Vielmehr ist Asael und gibt sich auch sehr verlockend. Er zeigt dem Menschen auf »vernünftige« Art, wie etwas zusammenhängt. Da möchte man dann gern weiterschauen, denn ganz neue Perspektiven eröffnen sich. Man rechnet, zählt weiter; mehr und mehr schliddert man so ins Weiterdenken, Weitersuchen hinein. Die Sucht zum Erklärenwollen und Erklärenmüssen ist sehr gefährlich. Deshalb ist es für den Menschen wichtig, daß er im Zeichen Capricornus die Wahl hat, in Vielheit zu fallen oder die Einheit zu sehen und dabei zu wissen, daß die Seite der Vielheit nicht sinnlos ist. Verstand, Denken und Vernunft werden also keinesfalls gestrichen; man sieht aber ein, daß das Denken nur Sinn hat, wenn es mit der Seite der Einswerdung, des Eins-suchens konfrontiert ist. Nur von *beiden* Seiten zugleich ist es möglich; weder geht es nur von der Vernunftseite noch von der Eins-Sicht-Seite allein, die man vielleicht haben könnte.

Das neunte Tierkreiszeichen, Sagittarius, also Schütze, heißt im Hebräischen »keschet«, Bogen. Mit dem Bogenschützen ist in der überlieferten Astrologie eigentlich nicht der Typ des Jägers gemeint, sondern das, was wir Fruchtbarkeit nennen: das Schießen des Samens, der Saat, und daß dieses Schießen zur Frucht führen könnte. Es ist die Frucht, die man immer erwartet, denn das, was man als Widerspruch empfindet — die Welt — kann so doch nicht gemeint sein; es muß doch mehr dahinterstecken als ein Verharren in These und Antithese. Dieses Fragen nach dem Geheimnis entspricht dem Schießen des Schützen. Er schießt und hofft, daß aus diesem Schießen des Bogens die Frucht kommt.

Wie es sich bei diesem Zeichen um das neunte in der Reihenfolge handelt, so sehen wir auch bei der Frucht des Menschen die Neunheit: Neun Monde wird sie getragen, neun »Erneuerungen« sind es, bis sie erscheint; man weiß: Erscheinen wird sie. Der Schütze im Menschen bedeutet eine starke Sehnsucht nach Frucht überhaupt, nach einem Resultat in seinem Tun. An der »linken« Seite ist es ein Hang zur Perfektion, weil man vor allem den Erfolg sehen will. An der rechten Seite ist es das Ersehnen einer Frucht, zu dem der Widerspruch im Leben herausfordert. So verhält es sich auch mit den Widersprüchen im Männlichen und Weiblichen: Man sucht sie zu lösen in der Frucht.

Nun gibt es beim Schützen auch die Gefahr, daß er die Frucht gar nicht will, sogar Angst vor ihr hat, daß er lieber in den Widersprüchen, in denen er lebt, unfruchtbar bleiben möchte und sozusagen seinen Spaß an den Gegensätzen hat. Er wählt die Seite, die er kennt; die andere Seite, dieser gegenüber, läßt er, nimmt er nicht an. Darin äußert sich seine Angst vor der Frucht. Die Widersprüche drücken ihn so sehr, daß er an die Möglichkeit einer Frucht überhaupt nicht glauben kann.

Was bedeutet Frucht? Das, was früher als These und Antithese gelebt hat, wird aufgehoben; übrig bleibt jetzt nur das Neue, die Synthese. So kann ein Kind auch nicht sagen: Dieses ist vom Vater, dieses von der Mutter. Gewiß gibt es Ähnlichkeiten, auch zu den Großeltern, den Onkeln und Tanten, aber das Kind ist ein neues Wesen, keine zusammengesetzte Kombination. Entstanden ist es, weil zwei sich bis ins letzte kennenlernen wollten und deshalb tatsächlich eine Frucht kommen konnte. Das Sich-kennenlernen ist in der Sprache der Bibel immer eine Entsprechung für den Beischlaf.

Feinde, die sich entgegentreten, wollen sich eigentlich kennenlernen: im Kampf. Einer lernt den anderen durch und durch kennen, dann erst erscheint die Frucht. Vom Denken allein kann sie nicht kommen, sondern erst, wenn die erscheinende Seite der Dinge mit ihrem Geheimnis konfrontiert wird. Wenn man zum Beispiel alles nur naturwissenschaftlich untersucht, kommt immer nur eine neue naturwissenschaftliche Untersuchung heraus, aber keine Frucht. Das Neue kommt eben erst, wenn man die naturwissenschaftliche, die weibliche, die horizontale Seite zusammenbringt und zusammenstoßen läßt mit der vertikalen Seite, der Seite, die sich verbirgt, die nicht durch Vernunft erfahren werden kann. Der Mystiker, der von der Welt nichts wissen will, erhält ebensowenig Frucht wie der Weltmensch, der das Geheimnis nicht anerkennt.

Der Mensch im Zeichen Schütze besitzt diese Frucht, und es wäre schade um ihn, wenn er sie in seinem Leben nicht zustandebrächte. So hat ja auch der Mensch die Potenz in sich, Kinder zu zeugen oder zu bekommen, aber auch die Möglichkeit, keine zu wollen. Vielleicht interessiert ihn eben nur seine Lust, also die eine Seite, das andere mag er nicht, es stört oder verwirrt ihn.

Schütze ist, wie Steinbock, ein Kind- oder Fruchtzeichen. Bei diesem Zeichentypus entsteht das Neue, das nie Erwartete, durch ein Zusammenklingen. Der »Sohn«, von dem im Neuen Testament gesprochen wird, kommt nicht auf die Art, wie sonst Kinder geboren werden — horizontal sozusagen, durch ein Zusammenkommen von Irdischem mit Irdischem —, sondern das Irdische wird, wie es heißt, vom Himmel her besucht. Das ist eine andere Art von Befruchtung; gerade dadurch aber kommen das Erlösende und der Erlöser.

Die nur biologische Erklärung also ist einseitig und kann kein Neues, keine Frucht bringen. Das Neue ist eben die andere Seite, die mitkommt, der man nicht glauben kann, daß sie es je hervorbringen könnte. Abraham zum Beispiel kann nicht glauben, daß das Kind, der Sohn, noch geboren wird, denn nach dem Gesetz ist es unmöglich. Irdisch gesehen ist es ausgeschlossen, daß dieser versprochene Sohn noch kommt. Abraham ist schon mit seinem irdischen Sohn zufrieden; es wird ihm aber gesagt: Noch einer wird kommen, das Gesetz ist nur die eine Seite, von ganz anderer Art ist der, der jetzt noch kommt.

Der Mensch im Schütze-Zeichen ist geprägt von der Sehnsucht nach diesem Sohn, dieser Frucht. Sie entsteht aus dem Gegensatz von Iridischem und Unirdischem als anderer Dimension.

Wir kommen nun zum dritten Fruchtzeichen, das auch das dritte in der Zeitabfolge der Tierkreiszeichen ist: Gemini, Zwillinge, hebräisch »te-umim«. Es sind auch die Zwillinge, die wir als Brüderpaar Jakob und Esau aus der Bibel kennen. Nach Abraham und Isaak ist Jakob der dritte Patriarch: ein Zwilling. Das Dritte, sehen wir, hat also immer diesen Zwillingscharakter.

Die Geschichte von Jakob und Esau, wie sie uns im Mythos erzählt wird, handelt von einer grundlegenden Zweiheit: dem Erscheinenden, Esau, und dem Verborgenen, Jakob. Das Erscheinende, heißt es, soll man auch erscheinen lassen und sich nicht von dieser Welt abwenden, sondern es ganz so nehmen, wie es ist. Das Geheimnis aber, das Sich-verbergende, soll man nicht ins Erscheinende zu zerren versuchen; damit nähme man ihm seinen Sinn. In seinem Sich-verbergen ist es identisch mit dem im Menschen, das unformulierbar bleibt und sich nicht zeigen kann, weil es die Verhältnisse nicht zulassen. Man weiß aber, daß man es doch zeigen und formulieren würde, wenn man es könnte.

Vieles im Leben baut sich so als Hindernis auf. Man kann nicht mehr zurück. Dies und jenes hat man nun einmal getan. Es ist als Geheimnis bei dir da. So möchtest du es auch eigentlich, so träumst du es. Das eben soll man dem Menschen lassen und nicht erklären, was es ist und warum es geschah. Nur dann kann der Mensch frei wirken. Im alten Wissen wird jeder Versuch, das Geheimnis vernunftgemäß zu analysieren, abgelehnt. Es käme einem Schänden des Geheimnisses gleich, eine Irritation entstünde, es wäre ein Töten. Der Drang, das Geheimnis aufdecken zu müssen, verfehlt gerade das, wodurch der Mensch frei leben und sich freuen kann —: daß beides da ist, Erscheinendes und Verborgenes.

Der Mensch im Zeichen Zwillinge erfährt sich also im Bild von Jakob und Esau. Wir wissen aus der Bibel, wer in dieser Auseinandersetzung Sieger ist: Jakob. Es ist dies aber eine Schöpfungs-, eine, wie man sagen könnte, himmlische Entscheidung. Für Esau ist es tragisch, denn er weiß nicht, warum er verliert. Er meint es doch gut. Man hat sofort Mitleid mit Esau, weil man aus seinem eigenen Leben weiß, wie gern man vom Erscheinenden das wählt, was man träumt und sich wünscht. Und man sieht: Es geht einfach nicht. Was wünscht man sich nicht alles: eine Liebe, eine Freundschaft, eine Karriere, einen Erfolg — und man sieht, vieles davon bleibt ein Traum. Die Erlebnisse bleiben nüchtern und trocken, man kommt gar nicht so weit. Da ist man dann schon froh, wenn es einigermaßen geht, und gibt sich damit zufrieden. Anderen, sieht man, geht's noch schlimmer.

Im Bild von Jakob und Esau stellt sich nun auch die

Frage: Warum das Leiden? Warum erscheine ich hier und weiß auch gleich: Der Tod ist mir sicher? Ja — so jedenfalls sieht es aus. Aber nur von hier aus. Deshalb leidet Esau, weint. Er ist die erste Gestalt in der Bibel, von der berichtet wird, daß sie weint. Er eröffnet die Reihe der Weinenden. Denn er sieht: Der Segen, der ihm hier zugedacht war — und auch wir denken: In diesem Leben soll es sein, das Reich, hier werden wir alles erreichen, alle, die wir liebhaben, hier werden sie sein —, gilt dem anderen. Es scheint doch alles ganz anders zu sein. Er kommt zu spät, der andere hat schon gesiegt, vorher.

Erfährt es nicht so schon das Kind, wenn es anfängt erwachsen zu werden: Schau, der Onkel, du mußt wissen, ist schon alt und schwach, er wird dann einmal gehen. Wir werden ihn begraben und sein Foto aufstellen, aber er wird dann weg sein. Das Kind schon erfährt, daß etwas verschwindet. Der Mensch spürt es im Leben: Gewiß, ich gehe, es kommt Neues, aber auch das stirbt. Wo bleibt es? Die große Frage nach dem Sinn des Leids.

Von Esau heißt es, daß er weint, als sein Vater ihm mitteilt: »Ein anderer war früher da. Ich kann dir auch nicht helfen, auch ich habe geglaubt, daß du den Segen bekommst, du, hier in der Erscheinung. Ich weiß nicht, was geschah.« Man spricht im Hebräischen vom »pachad Jizchak«, das bedeutet das Erschrecken, das Entsetzen Isaaks, der spürt — wie es der Mensch spürt —: Es gibt eine andere Seite, die eigentlich mit einbezogen werden sollte. Aber man hat Angst, versteht's auch nicht. Es bleibt ein Geheimnis, das nicht zu ermessen ist, von dem man nicht weiß, wohin es einen führt.

Der Zwillinge-Mensch könnte diese Frage nach dem Leid sehr stark entwickelt in sich haben. Warum immer diese Störungen im Leben? Es könnte doch viel leichter gehen. Was steckt dahinter, daß es sich fortwährend ändert? Das Gute geht viel zu schnell vorbei, während die Störung bleibt.

Anwesend im Leben des Zwillings ist aber auch Jakob. Der Name Jakob ist vom Begriff »ekew«, Ferse, abgeleitet. Jakob schleicht sich ins Leben ein, indem er die Ferse Esaus, des Erscheinenden, festhält. Auf diese Art kommt das Unsichtbare ins Leben und meldet, daß Anderes da ist. Und dieses Andere siegt. Was bedeutet das?

Ich möchte hier eine Entsprechung im Neuen Testament anführen. Die Erwartung ist doch, daß das Reich hier sein wird, diesseits, irdisch. Aber wir sehen: Irdisch entzieht es sich. Es heißt immer: Von dorther, von jenseits kommt es, und dann wird es gewiß auch hier sein. Das andere muß erst miteinbezogen sein. — Warum Kreuzigung? Warum Unterwelt? Damit die Auferstehung kommt. Aber wieder: nicht sichtbar.

Die Frage ist: Warum geht es auf diese Art, warum kann es nicht gleich hier sein und hier alles bringen? So frägt sich der Mensch im Zeichen Zwillinge. Jeder Mensch kann das stärker oder schwächer bei sich erleben, denn jeder Mensch hat doch auch dieses Tierkreiszeichen in sich.

Jakobs Konfrontation mit Esau spielt sich in jedem Leben in jedem Augenblick ab. Wer ist entscheidend? Welche Seite soll man wählen? Manchmal neigt man zum Mysterium, manchmal zum Konkreten. Mit dem Vagen, im Schwebenden bleibenden Mystischen fühlt man sich gar nicht wohl; es müßte doch auch, denkt man, konkret und hier sein. Dann kommt der Moment, wo der Mensch spürt, daß das unbegreiflich Geheime, das Verborgene und Sich-verbergende den Segen erhält. Im Hebräischen bedeutet Segen — geschrieben Beth-Resch-Kaf, 2-200-20, — »hier in der Welt sein«, »da sein«. Das drückt sich in der dreifachen Zwei auf allen Ebenen aus. Die Zwei aber spricht vom Hier-sein in Doppelheit. Der Segen will sagen: *Hier* wirst du sein; wenn auch im Zeitstrom nicht gleich jetzt — im Prinzip und im Zeitstrom aber, endgültig, wirst du das Hier besitzen. Wird das Verborgene, das man doch nicht kennt, von dem man nichts weiß, tatsächlich endgültig hier sein? Diese Frage löst das ganze Drama aus. Jakob muß fliehen. Im Menschen bedeutet es, daß sein diesseitiges Leben sehr kräftig wird und dadurch das Geheimnis verdrängt. Aber es kommt zurück, nach zweiundzwanzig Jahren — so lange ist Jakob fort. Jakob auf dem Weg zurück in diese Welt — im Menschen entspricht es dem Starkwerden des Geheimnisses. Der Mensch beginnt dann, könnte man sagen, nach dem Sinn des Seins zu fragen. »Was bedeutet Tod? Was die Andere Welt? Was die Sterne? Andere Wesen, andere Welten — gibt es das?«

Solche Fragen des Menschen kündigen einen Bruch in seiner diesseitigen Hybris an. Es bleibt nicht beim Sich-entfernen; eine Art Knacks bringt ihn wieder zurück. Jakob tritt wieder ins Leben des Menschen. Gleich eilen ihm Boten entgegen: »Esau zieht dir entgegen mit vierhundert Mann!« Vierhundert bedeutet im überlieferten Wissen »alles«, so viel, wie nur möglich. Esau kommt nun mit seiner ganzen Macht, mit allem Erscheinenden dir entgegen und will dich zertrümmern.

Jetzt geschieht etwas Merkwürdiges. Die Bibel erzählt es nur in wenigen Sätzen, in der Überlieferung aber wird es sehr ausführlich ausgearbeitet. Jakob, so wird erzählt, bringt alles, was er hat, über einen Fluß, den Jabbok. Dieser ist, könnte man sagen, die Grenze zwischen dem Sichtbaren und dem Unsichtbaren. Er bringt also alles vom Unsichtbaren ins Sichtbare und fürchtet sich dort vor dem Anprall Esaus mit seinen vierhundert Mann. Wird er nicht alles vernichten?, alles verschlingen?, alles in sich aufnehmen?

Als Jakob über den Fluß gesetzt hat, erinnert er sich, wie erzählt wird, daß er jenseits des Flusses ein Krüglein, ein kleines, ganz unwichtiges Gefäß vergessen hat. Damit wird darauf hingewiesen, daß es im Verborgenen des Menschen nicht um die Quantität und das Quantifizierbare geht, sondern die Anwesenheit einer Sache zählt dort, und es spielt gar keine Rolle, ob sie groß oder klein ist. So zeigt es sich auch im Bild des »guten Hirten«. Der Hirte steigt einem verirrten Lämmchen überallhin nach. Wir würden sagen: »Die Herde ist groß genug, es werden genug neue Lämmer geboren, was macht es schon, wenn eines fehlt.« Dem guten Hirten aber ist dieses eine ebenso wichtig wie alle anderen.

Jakob kehrt zurück über den Fluß, um das Krüglein zu holen. Und dort begegnet er plötzlich diesem »Mann«, einem Engel, wie man sagt, einem Angreifer. Nach der Überlieferung ist es die Anwesenheit von Esau *dort*, die Kraft also, wodurch alles hier erscheinen kann. Man könnte dieses Wesen deshalb den Engel des Erscheinenden nennen, die Potenz alles Erscheinenden. Der greift Jakob an. Es kommt zum bekannten »Kampf mit dem Engel«.

Der Engel möchte Jakob dort vernichten, möchte verhindern, daß Jakob — das Geheimnis — in diese Welt kommt. Hier, in dieser Welt, sollte doch nur sein, was man messen, zählen, womit man rechnen kann; alles andere, sagt man, gehört doch nicht hierher. Es kommt zu einem gewaltigen Ringkampf zwischen beiden, der die ganze Nacht lang währt, einem Kampf, von dem es heißt, er gehe von der Erde bis zum Himmel und vom Himmel wieder bis zur Erde. Alles ist in diesem Kampf einbezogen; das Wesen, welches mit ihm kämpft, heißt in der Erzählung nicht Engel. Es heißt dort entweder »isch«, was »Mann«, oder »szar«, was »Herr« im Sinne einer oberen Gewalt bedeutet. Die Überlieferung spricht dann auch von ihm als »Herrn von Esau«. Und dieser vermag Jakob nicht zu bezwingen. Aber auch Jakob besiegt ihn nicht.

Mit dem Ende der Nacht findet dann die Macht des Angreifers ihr Ende. »Lasse mich«, fleht er Jakob an, weil er weiß, daß er untergehen muß, wenn der Morgen kommt. Und Jakob antwortet ihm: »Ich lasse dich nur, wenn du mich segnest!« Das bedeutet: »Gib mir einen Platz unten in der Welt der Erscheinungen, wie ich einen Platz in der Welt oben habe. Oben, im Verborgenen, habe ich einen, jetzt aber soll ich ihn auch in der Welt unten erlangen.« Da segnet ihn der Angreifer und nennt ihn mit dem Namen Israel. Vom Etymologischen her läßt er sich umschreiben mit »Du hast gekämpft mit göttlichen und menschlichen Wesen und hast dich behaupten können.« Es bedeutet: Das Geheimnis hat seine entscheidende Auseinandersetzung in einer anderen Ebene; weil das *dort* geschieht, kann Esau mit seinen vierhundert Mann dem Jakob hier im Erscheinenden später nichts mehr anhaben. Esau muß ihn einfach akzeptieren. Die Überlieferung erzählt, daß von den Vierhundert einer nach dem anderen wegfließt, wie es im Fließen der Zeit immer ist, bis Esau am Ende ganz allein dasteht, machtlos, das Verborgene überhaupt zu fassen.

Wir kennen im Christentum dazu eine Entsprechung. Das Reich, sagt man, das Reich von jenseits, das himmlische Reich, kommt hierher und nimmt diese Welt in Besitz, hat die Herrschaft über diese Welt. Dann ist die Welt erlöst. Fortwährend spürt das die Welt. Ein Ausdruck davon ist, daß der Mensch hier so gern einen Sinn sehen möchte. Dieses Leben ist schön, ist herrlich, *ewig* möchte man hier bleiben, aber ohne Störungen, ohne Tod, Krankheit, Mißverständnisse und Mißtrauen. Man sehnt sich nach dem Reich von jenseits — dieses Reich möchte man hier haben.

Im Zwillinge-Mensch ist der »Sieg« Jakobs sozusagen eingebaut. Er kämpft seine Kämpfe auf einer anderen Ebene — wie Jakob jenseits des Jabbok — und hat es deshalb hier leicht. Kämpft er es dort aber nicht aus, dann unterliegt er hier. Jakob kann hier nur von dorther bestehen. »Von dorther« bedeutet: Bedenke die Qualität der Dinge! Sei da für einen anderen Menschen, gleichgültig, ob es dir Nutzen bringt, ob er dir Recht gibt oder nicht. Dann geschieht dieses Zurückgehen über den Jabbok, und dann hat man diesen Kampf. Vielleicht denkst du: »Immer habe ich das Gute gewollt, aber man tut mir Böses.« Macht nichts. Du hast *dort* gekämpft und bestanden. Von dorther kommt der Sieg: der Segen hier. Am Ende wirst du gesegnet sein.

Jakob fragt das Wesen: »Wer bist du? Wie ist dein

Name?« Aber das Wesen kann seinen Namen nicht nennen. Ein Name ist wie eine Sinngebung des Lebens. Das Wesen aber kann von sich nichts aussagen, weil es in der Zeit immer fließt, weil nie etwas festgehalten werden kann. Per definitionem kann es nichts aussagen. Wie man von einem Körper in seiner sich immer ändernden Erscheinungsform nichts Festes sagen kann.

Der Mensch im Zeichen Zwillinge hat tatsächlich die Möglichkeit, über das Andere siegen zu können, indem er dieses Siegen in seinem Leben erkennt. Es ist nicht so, daß man dazu erst eine Reihenfolge in der Zeit abwarten müßte — die Auseinandersetzung zwischen Jakob und Esau, dann Jakobs Fliehen, dann seine Rückkehr. Zeit ereignet sich dort auf ganz andere Weise als in der Phasenfolge, die wir hier messen können. So ist es möglich, daß eine Erfahrung, die hier nur wenige Sekunden dauert, eine Reihe von Reaktionen im Menschen aktualisiert, die das ganze Geschehen Jakob-Esau stattfinden lassen.

Man könnte sich das in der heutigen Zeit am Beispiel eines Computers deutlich machen. Da werden doch auch in einer Sekunde unübersehbar viele Geschehnisse verarbeitet, und heraus kommt etwas Neues: eine Antwort. Im Menschen ist, könnte man sagen, ein solcher Computer immerwährend in Tätigkeit. Man sagt zwar, wenn man neue Eindrücke erlebt, man müsse sie erst noch »verarbeiten«, und vernunftgemäß geht das auch so; aber neben dem Vernunftgemäßen sind im Menschen auch Informationen in der Form von Empfindungen, die Prozesse wie etwa das Jakob-Esau-Geschehen im Nu in Bewegung setzen und ablaufen lassen.

Dem Zwillinge-Mensch ist das vertraut. Aber nur

dann, wenn seine Einstellung, sein Verhalten so ist, daß er das Qualitative wichtig nimmt, wenn er nicht nur das Nützliche, das Quantitative sieht, sondern gern im Bereich der Güte, des Wegschenkens, des Sich-opferns lebt. Es genügt schon, wenn sich in seinem Verhalten zeigt, daß er sich danach sehnt. Kommt dann die Gelegenheit, es auch zu tun, dann funktioniert sein innerer Computer schon so, daß Jakob siegt. In seinem Leben manifestiert sich dann ein Reich, von dem er spürt: Das Geheimnis ist Fleisch geworden. Denn das ist das Geheimnis vom Segen.

Das Zeichen Krebs ist das vierte der Kind- oder Fruchtzeichen; auch in der Zeitreihenfolge der Tierkreiszeichen steht es an vierter Stelle. In ihm äußert sich also der Zusammenhang mit der Vier im Leben des Menschen. Es ist die mythische Vier, zu der wir die Entsprechungen im Erscheinenden suchen müssen. Es wäre ein grundlegender Fehler, wenn man aus dem Mythos die Linie so ohne weiteres ins Zeiträumliche hineinziehen würde. Die im Mythos erzählte Vier ist nicht identisch mit der relativen Zahl Vier, mit der wir hier rechnen. In unserer Welt ist es nur möglich, eine Entsprechung für diese mythische Vier zu finden.

Das alte Wissen fragt: Was bedeutet diese Vier? Was geschieht in der Schöpfung an vierter Stelle? Was ist die vierte Schöpfungstat? — Wir kennen doch aus der Bibel die sechs Schöpfungstage und den siebten, den Ruhetag. Darin können wir ein Muster entdecken, das sich auch hier in unserer Welt ausprägt, die Sache selbst aber ist hier nicht mit den Sinnen allein wiederzuerkennen. Es braucht dazu die Dimension der Beziehungen, der Liebe.

In den sechs Tagen der Schöpfung werden zehn Taten hervorgebracht. Jedesmal wenn es heißt: »Und Gott spricht« handelt es sich um ein Schöpfungs-Wort, das gleich auch die Schöpfungs-Tat ist. Die vierte Schöpfungstat bringt die Pflanzen zur Erscheinung. Das geschieht am dritten Tag der Schöpfung. Am ersten Tag wird das Licht geschaffen, am zweiten das Firmament, am dritten Tag aber — wie immer beim Dritten — erfolgen *zwei* Schöpfungen: Meer und Land durch die Sammlung der Wasser und als Zweites alle Arten von Pflanzen.

Im zweiten Kapitel der Genesis, in der »zweiten« Schöpfungsgeschichte, in der wiederum die Erschaffung der Welt erzählt wird, erscheint ebenfalls an vierter Stelle die Mitteilung von den Pflanzen. Gesprochen aber wird nun von einem Garten, den Gott macht, in dem zwei Bäume stehen: der Baum des Lebens und der Baum der Erkenntnis von gut und böse.

Ich möchte jetzt auf das vierte Schöpfungswort im ersten Kapitel der Genesis näher eingehen. Im Hebräischen steht dort etwas ganz Merkwürdiges. Übersetzt man es wörtlich ins Deutsche, so müßte es lauten: »Es komme Baum, der Frucht ist und Frucht macht.« Wenn dann aber der Vollzug gemeldet wird, ist nur noch vom »Baum, der Frucht macht« die Rede. Es kommt also nicht, was hätte kommen sollen. Das ist merkwürdig, denn bei allen anderen Schöpfungen, Licht, Firmament usw., wird ohne Abweichung die erfolgte Schöpfung bestätigt.

Für uns ist tatsächlich ein Wachstum, das schon »Frucht ist« *und* »Frucht macht«, ein Widerspruch. Deshalb scheint es dann auch so zu sein, daß nicht der Widerspruch kommt, sondern das Eindeutige: Baum, der Frucht macht. Das Werden, das Wachsen kommt, nicht das Schon-Sein. So also geschieht es merkwürdigerweise beim Vierten.

Bei der Erschaffung der Planeten sehen wir Entsprechendes. Als fünfte Schöpfungstat kommen am vierten Tag Sonne, Mond und Sterne zustande. Gott spricht: »Es kommen zwei große Lichter!« Aber so geschieht's nicht. Es kommen ein großes für den Tag und ein kleines für die Nacht. Auch hier geschieht nicht, was von Gott erwartet wird. Statt gleich großer Lichter erscheinen ein kleines und ein großes Licht, das kleine abhängig vom großen. Das kleine erhält sein Licht vom großen, es ist nicht ständig da, sondern hat seine Phasen. Es wächst und geht zurück, es zeigt Entwicklung. Das große Licht aber, die Sonne, bleibt.

Vom Menschen im Zeichen Krebs, im Zeichen des Vierten, wird im alten Wissen gesagt, auch er erlebe diese Dualität. In ihm ist die Mitteilung vom Sein und vom Werden in einem. In unserem Leben, das sich hier nur als Werden, als Wachstum zeigt, ist das Sein, das Ewige, schon mitenthalten. Wir aber sagen: »Davon merke ich nichts, ich sehe nur Wachstum. Vor dreißig Jahren war er ein junger Mann, jetzt ist er ein älterer Herr, wo ist der junge Mann geblieben?« Das wahre Bild des Menschen — müßte es nicht alle Phasen seines Lebens gleichzeitig ausdrücken können, also auch das Vorher — das Vor-der-Konzeption — und das Nachher — das Nach-dem-Tod? Wir spüren aber, daß dieses Bild unausdrückbar bleiben muß. Wie der Name Gottes, der vom Stamm des hebräischen Wortes für »sein« gebildet ist, das Tetragramm. Wir sagen dann »der Herr«, wo, wollte man übersetzen, »er ist«, »er war« und »er wird sein« — alle Zeiten zugleich — stehen. Gott selbst nennt sich auch: »Ich bin, der ich bin«, oder, wie man genauso übersetzen kann: »Ich werde sein, der ich sein werde«.

Das Sein ist ewig; wir aber erfahren hier nur ein Werden, wo sich nichts festlegen läßt, weil alles sich ständig ändert. Daher kommt unsere Unruhe. Den Baum des Lebens, der schon Frucht ist und Frucht macht, könnte man auch Baum des Seins nennen. Der Baum der Erkenntnis, der nur Frucht macht, würde dann Baum des Werdens heißen. Dem Menschen wird mitgeteilt: »Lasse doch den Baum der Erkenntnis sein, es wird dich nur quälen!« Das Werden sehen bedeutet auch: den Tod sehen. Nicht nur den körperlichen Tod, sondern auch das Vergehen jedes Augenblickes. Ein fortwährendes Mit-dem-Tod-zu-tun-haben. Die Frauen schauen in den Spiegel und sehen, daß sie Runzeln und Falten bekommen, und die Männer sehen, daß ihr Haar grau und weiß wird. Dann kommt das Gefühl: »Schade! Ich möchte gern anders aussehen!« Man sieht aber, es geht vorbei, ist nicht zu ändern.

Der Mensch im Zeichen Krebs hat, wenn man so sagen kann, sehr stark das Sein in sich, jedenfalls die Möglichkeit, es stark zu spüren. Es ist sozusagen ausgeprägt in seiner Konzeption mit da. Er kann tatsächlich leicht den Baum des Lebens ergreifen, wie es heißt: »Der Baum des Lebens ist da für die, welche nach ihm greifen.« Während der Baum der Erkenntnis klar vor Augen steht, Vernunft und Sinne können ihn gut erkennen. Kausal gesehen leuchtet es ein, daß man jung ist und dann älter und älter wird. Es ist berechenbar, es stimmt, man kann es vorhersagen, es ist Gesetz.

Ein Arzt, der auf Grund seiner wissenschaftlichen Befunde einem Menschen sagt, er habe hier noch höchstens zwei Monate zu leben, kann Recht haben. Es kann aber auch sein, daß es ganz anders kommt. Es heißt deshalb: Aus der Sicht des Werdens kannst du nie etwas festlegen. Wie kannst du sagen, der Mensch stirbt? Seine Erscheinung hier mag verschwinden, aber *der Mensch* stirbt nicht. Der gestrige Tag und dein gestriges Leben sind gestorben, aber du bist doch heute wieder da. Hast du etwa Angst, dich abends schlafen zu legen, weil du daran zweifelst, am Morgen wieder aufzustehen? Du hast nur Angst vor dem Tod, weil du daran zweifelst, wieder aufzuerstehen. Du siehst nur diese Erscheinung, dieses Leben hier, und glaubst, das sei alles.

Der Krebs-Mensch — auf hebräisch heißt dieses Tierkreiszeichen »szartan« — hat neben dem Baum des Lebens auch die andere Neigung in sich. Leicht kann er auch ins kausale, vernunftgemäße Erklären hinübergleiten; eigentlich aber ist es der Baum des Lebens, der ihn nachhaltig prägt.

Im alten Wissen wird der Umfang des Baumes des Lebens mit 500 angegeben; 400, der Zahlenwert des Taw, des letzten Buchstabens im hebräischen Alphabet, drückt das Unendliche hier in der Welt aus. 500 aber bedeutet: Jenseits des hier überhaupt Möglichen. Und der Mensch hat die 500 in sich, das Jenseits des Möglichen, und vor allem der Mensch im Zeichen Krebs. Er vermag es hier im Diesseits auszudrücken, also die Frucht zu zeigen.

Mit dem Zeichen Krebs, worin der Baum des Le bens erkannt wird, ist der Mensch nun — nach vier Kind-Zeichen — bereit für das fünfte, das entscheidende der Frucht-Zeichen: Löwe. Zwei Zeichen am

Ende: das zehnte, Steinbock, und das neunte, Schütze, — und zwei Zeichen am Anfang: das dritte, Zwillinge, und das vierte, Krebs. Diese vier bilden eine Art Klimax, die beim vierten im Baum des Lebens gipfelt; beim dritten sahen wir Jakob als Israel im Menschen siegen.

Flankiert von Steinbock und Schütze auf der einen und Zwillinge und Krebs auf der anderen Seite, erscheint jetzt, gleichsam in der Mitte, das fünfte Kind-Zeichen: Löwe. Der Löwe gehört zu den vier Wesen, die am Throne Gottes stehen; in der Vision Hesekiels werden Löwe, Stier, Adler und Mensch genannt.

Das hebräische Wort für dieses Tierkreiszeichen lautet »arjeh« und bedeutet »Licht des Herrn«. Der Altar im Tempel, wo das »korban«, das Sich-Gott-nähern, gebracht wird, heißt »ariel«, »Gotteslöwe« oder »Licht Gottes«. Vom kabbalistischen Brauch ausgehend kam es dann im Judentum auch dazu, daß man Kindern den Namen Arjeh gab, fast immer aber im Zusammenhang mit einem anderen Namen wie z. B. Jehuda. Jehuda wird in der Verballhornung zu Juda. Jehuda, ähnlich geschrieben wie das Tetragramm — nur eine Daleth, eine Vier, ist hineingefügt — bedeutet »Lob Gottes«. Der Messias, Sohn Davids, kommt aus dem Stamme Juda; das ist natürlich nicht biologisch oder rassisch zu verstehen, sondern als Herkunft im Heiligen, im Mythos der Bibel.

Zum Gott-loben gehört der Löwe. Er ist auch das Wappentier von Juda. (Der Negus von Abessinien nannte sich »Löwe von Juda«.) Die Verbindung des Löwen mit Juda weist dieses Zeichen als ein messianisches aus. Man sagt, es sei Zeichen dafür, daß da noch ein König ist. Ich will das etwas näher erläutern.

Das Zeichen Löwe fällt in den hebräischen Mond-Monat Aw, der so ungefähr vom zwanzigsten Juli bis zum zwanzigsten August unserer Monatszählung reicht. Nach der Überlieferung ereignet sich in diesem Monat etwas sehr Schlimmes: die Verwüstung des Tempels. Auch im vorhergehenden Zeichen Krebs findet ein trauriges Ereignis statt: der Fall des biblischen Jerusalem. Beide Zeichen haben doch aber sehr Vielversprechendes: Baum des Lebens — doch fällt Jerusalem; der Löwe, messianisch — da geht der Tempel unter. Es will aber sagen: Das Reich hier kommt über das Reich dort. Niemals kann das Reich hier in einer Kontinuierung des Diesseitigen bestehen. Der Durchbruch eines ganz Anderen läßt das Reich hier kommen.

Die Überlieferung teilt deshalb mit: Am Tage, an dem der Tempel untergeht, wird der Messias geboren. Königlich bist du, wenn du das Reich von einem Ende bis zum anderen beherrschst. Kreuzigung und Auferstehung im Neuen Testament gehören zusammen, beides geschieht in einem. Auf der einen Seite das Tiefe, der Fall, das Verlassen-, Verspottet- und Bespucktsein; auf der anderen Seite die Siegesgewißheit, daß trotz aller Qual und Angst ein Auferstehen hier kommt, daß das Reich hier sein wird.

Im Zeichen des Löwen erscheint der Mensch, der als König das Reich beherrscht. In den Reichen gibt es Gesunde und Kranke, Arme und Reiche, Wohltäter und Verbrecher. Der König, heißt es, herrscht über alle, von einem Ende bis zum anderen. Er soll keine Angst vor Unruhen haben, denn er hat doch die Gewißheit des Friedens. Beim Löwen also gibt es die Möglichkeit, daß die Frucht, wovon die fünf Kind-Zeichen sprechen, zustandekommt, im Zentrum dieser fünf.

Im Bild des Löwen aber kann der Mensch auch angegriffen und zerrissen werden. Wir kennen aus der Bibel die Gestalt des Simson, der den Löwen tötet. Dem Löwen als fünftes der Frucht-Zeichen entspricht die fünfte Schöpfungstat: das Erschaffen von Sonne, Mond und Sternen. Simson, hebräisch Schimschon, kommt vom Worte »schemesch«, Sonne. Der Name seiner Frau, Delila, ist vom hebräischen »leila«, Nacht, abgeleitet und bedeutet: »von der Nacht«. Gerade Simson hat mit dem Löwen zu tun und tötet ihn in seinem eigenen Zeichen.

Von Simson heißt es, er sei der »Erlöser mit der Kraft«, deshalb gehe er unter. Er glaubt, durch Kraft, Stärke, Macht und Gewaltanwendung den Sieg erringen zu können; Simson weiß es nicht anders. Auf diese Art aber geht der Löwe im Menschen — Simson im Menschen — unter. Glaubt der Mensch im Zeichen Löwe, daß sein Reich mit dieser Macht, durch solches Herrschen, also mit bewußtem Wollen, Bestand hätte, dann scheitert er. Dein königliches Sein, wird gesagt, dein Herrschen soll niemals so sein, daß du Zwang bringst, sondern sei dir bewußt: In dir ist es schon da; wie du bist, herrschst du schon, bist königlich. Bestimmend sei keine Herrschsucht, sondern das selbstverständliche Akzeptieren deines Königtums.

Vor noch gar nicht allzu langer Zeit sah man auch in Europa noch im König den »Herrscher von Gottes Gnaden«. Nicht seine Macht also, sein Erobern macht ihn zum König, sondern Gott verleiht ihm das Königtum. Es besteht also seit je ein Wissen, daß das Königliche eine Gnade ist, ein Schicksal. Der Mensch ist König, weil sein Geschick ihn zum König bestimmt. Er kann nichts dafür tun.

Der Mensch im Zeichen Löwe könnte verstehen, daß er König ist, indem er ist, wie er ist. Wenn er an sich selbst glaubt, ist es schon gut, mehr braucht er nicht. Wenn er sich aber hineinmischt und selbst eine Macht hier aufbauen will, bricht er zusammen. Gelassen sollte er sein; die heitere Gelassenheit ist sein eigentliches Element. Dann lebt in ihm das Geheimnis des Messias. Erlösung ist doch vor allem Erlösung aus dem Zwang, aus dem Zwang der Gesetzmäßigkeit. Gerade aus Zwängen — aus Neurosen, wie man heute sagt — kann sich der Löwe-Mensch leicht lösen, wenn er einsieht, daß er so, wie er ist, in Ordnung ist. Als Mensch im Gleichgewicht — weder hochmütig noch allzu bescheiden — bringt er gern die »freudige Nachricht« von seinem Verborgenen her.

Ich habe schon darauf hingewiesen, daß unsere Zeitrechnung mit den zwölf Monaten, die ein Jahr ergeben sollen, nicht ganz stimmt. Der Mond braucht für seine Umlaufbahn so ungefähr $29^1/_2$ Tage; multipliziert mit 12 ergeben sich 355 Tage. Das Mondjahr ist also ungefähr zehn Tage kürzer als das Sonnenjahr. Die Tierkreiszeichen werden, wie Sie wissen, nach den Monden berechnet.

Nun hat aber das Sonnenjahr die $365^1/_4$ Tage. Es fehlen also etwas mehr als 10 Tage vom Mondjahr zum Sonnenjahr. Im Judentum rechnet man mit den Monaten von $29^1/_2$ Tagen in der Mondrechnung. Diese fängt mit dem Zeichen »Widder« an, und endet mit dem Zeichen »Fische«. Das Sonnenjahr aber fängt am Neujahrstag, dem ersten des siebten Monats, des Monats der Waage an, und es endet mit dem letzten des Monats Jungfrau. Dieses Sonnenjahr hat dann die richtigen $365^1/_4$ Tage. Durch diese beiden Rechnungen entsteht jedes Jahr ein Unterschied von etwas über 10 Tagen. Dieses wird nun korrigiert, indem man dann, wenn der Unterschied zu einem ganzen Monat herangewachsen ist, einen Schaltmonat hineinschiebt. Dieser Schaltmonat ist dann immer eine Verdoppelung des zwölften Monats, des Monats im Zeichen Fische. Das ist dann der dreizehnte Monat. Durch diese Art Korrektur stimmt der Kalender aber ganz exakt. Der Dreizehnte hebt den Konflikt »Sonne« - »Mond« auf. Das Sonnenjahr, welches also *mehr* ist als das Mondjahr, zeigt schon, daß es eigentlich einen 13. Monat geben sollte, daß dieser aber nur zu einem Drittel durchkommt. Erst nach 3 solchen nicht stimmenden Jahren kann dieser 13. Monat da sein.

Ich weise hier auf eine Parallele hin. Beim Abendmahl im Neuen Testament sind es ebenfalls die Zwölf, die sich um den Dreizehnten, den, auf den es ankommt, scharen. Und auch die zwölf Söhne Jakobs warten auf den dreizehnten, der die Befreiung bringen soll.

Das Dreizehnte, läßt sich daraus ersehen, spielt also eine wichtige Rolle. Ein dreizehntes Tierkreiszeichen drängt sich hier, könnte man sagen, auf. Es wird aber nicht sichtbar.

Die Unstimmigkeit gilt übrigens auch für die Woche. Sie hat bei uns sieben Tage, den Monat rechnen wir zu vier Wochen. Demgemäß ergeben sich für den Monat 28 Tage. So fehlen $1^1/_2$ Tage. Ein achter Tag schaut also auch hier in die Woche irgendwie mit herein.

Im Kosmos scheint es also etwas zu geben, das sich nur zum Teil zeigt, zum anderen Teil aber verbirgt;

nur andeutungsweise ist es da. Entsprechend verhält es sich im Menschen und in seinem Horoskop.

Nun, der zwölfte Monat wird, wie ich sagte, verdoppelt. Es ist der Fische-Monat, der »adar« im Hebräischen. Unsere europäischen Monatsnamen enthalten noch den Hinweis darauf, daß dieser zwölfte Monat eigentlich der März sein sollte, denn der Name Dezember — von lateinisch decem, zehn — kennzeichnet sich als zehnter Monat, und der November — lateinisch novem, neun — als neunter. Entsprechend wäre dann Januar der elfte und Februar der zwölfte Monat. Dann erst, nach dem zwölften, finge das Neue an.

Es hat aber einen tiefen Sinn, daß die christliche Tradition einem anderen Weg gefolgt ist. Der 1. Januar ist der Tag der Beschneidung Christi. Jesus ist am 25. Dezember geboren, der achte Tag danach ist der 1. Januar. Die Beschneidung von Jesus symbolisiert eine Neue Welt. Entsprechend erhielt der christliche Kalender diese neue Reihenfolge. Die römischen Namen aber behielt man bei, so daß die ursprüngliche Reihenfolge noch erkennbar geblieben ist.

In der jüdischen Überlieferung sagt man, daß gerade dort, wo der »adar« verdoppelt wird, das Entscheidende, das Erlösende eintritt. Dann nämlich kommt der dreizehnte Monat durch, dann ist die Dreizehn voll da. Erstellt man also in meiner Tradition ein Horoskop, dann ist es sehr wichtig zu wissen, ob der Geburtstag in einem 12. oder in einem 13. Monat war.

Die Berechnung in unserer Astrologie ist also etwas anders, da die Dauer jedes Tierkreiszeichens nur $29^{1}/_{2}$ Tage ist und die Zeichen mit dem Mondjahr verbunden werden. Deshalb gibt es auch ein Dreizehntes, gleichsam unsichtbares und doch wiederum einmal sichtbar werdendes, das aber erlösend ist. Entsprechendes wird von der Rose, der »schoschana«, erzählt; das habe ich in meinem Buch »Die Rolle Esther« beschrieben. Die mythische Rose hat, wie es heißt, dreizehn Blätter, abwechselnd ein rotes und ein weißes Blatt, das dreizehnte Blatt aber hat eine Farbe, die wir nicht kennen.

Sie können sich jetzt vielleicht vorstellen, daß ein Horoskop durch die Einbeziehung des Dreizehnten eine große Bereicherung erfährt. Im Laufe der Lebensjahre begegnet man alle drei Jahre dem Dreizehnten, und es könnte wichtig sein, was in diesem Schaltjahr oder -monat geschieht und was nicht.

SECHSTES KAPITEL

Die Planeten als Zeichen der Wochentage · Das Ur-Licht Sonne: Planet des Durchbrechens · Der Mond und die körperliche Erscheinung · Neumond als Entsprechung des Sterbemoments · Erneuerung im Tod · Die Planeten und die Metalle · Herausforderung zur Hochzeit im Zeichen des Mars · Merkur bringt die gute Nachricht · Mit Jupiter kommt Blut und Bewegung in den Körper

Wir haben von diesem merkwürdigen Phänomen des Dreizehnten gesprochen. Die Zwölfheit ist also in dem uns zugänglichen Bild des Kosmos nicht eindeutig. Es gibt einen unerklärlichen Rest. Der dreizehnte Monat kann aus dem Zusammenhang mit den zwölf Monaten nicht genau gemessen werden. Das Dreizehnte nennt man daher das Unbestimmbare; es ist jener unerklärliche Rest, auf den man auch in den exakten Wissenschaften immer wieder stößt. Es gibt eine Regel, das ist zweifellos, aber es gibt auch immer das Phänomen, das sich der Regel entzieht. An der Peripherie schaut das Dreizehnte um die Ecke, meldet sich und sagt gleichsam: Siehst du, es stimmt mit diesem Rechnen im hier Erscheinenden doch nicht!

Die Seite des Mondes wird die linke Seite genannt. Denn was als Mond erscheint, wächst, abnimmt, Phasen zeigt, kann gemessen werden. Die Sonne dagegen gilt als Ausdruck des Festen, des Gleichbleibenden.

Zwischen dem Wechselnden und dem Bleibenden stimmt es, wie wir sehen, im Zyklus der Zeit nicht überein.

Es gibt also bei allen unseren Berechnungen auch das Unermeßliche, das mitzählt, ohne daß wir es rechnerisch fassen könnten. Es hat kein Gesetz. Wir können es weder im Zyklus der Woche, noch in dem des Mondes und auch nicht in dem des Jahres finden.

Jetzt sollten wir auch etwas von den Planeten sagen und ihre Beziehungen zu den Tierkreiszeichen kennenlernen. Die Planeten bewegen sich, die Zeichen stehen fest. Es ergibt sich also eine Kombination von Statik und Dynamik, die das Leben so bestimmt, daß niemals die gleiche Situation wiederkehren kann. Immer ist Neues da. Das ist sehr bedeutsam für ein Horoskop.

Die Planeten kennt das alte Wissen als Zeichen der Wochentage. Sieben Planeten, einschließlich Sonne und Mond, entsprechen den sieben Tagen der Schöpfung. Weitere drei Planeten — heute als Uranus, Neptun und Pluto bekannt — kannte auch das alte Wissen, dem die Siebenheit der Tage nur als Ausschnitt einer Zehnheit gilt. Die Sieben ist der Weg, auf dem das Achte, Neunte und Zehnte noch nicht sichtbar sind. Aber die jüdische Überlieferung kennt auch noch drei weitere Planeten. Man sagt, das Bewegende paßt sich dem Bleibenden an, es gibt also auch zwölf im Bereich der Planeten und ein Dreizehntes, das um die Ecke blickt.

Man bezieht sich dabei auf den Traum von Sonne, Mond und Sternen (Genesis 37, 9), den Joseph seinen Brüdern und seinem Vater erzählt. Joseph sieht Sonne,

Mond und »11 Sterne« um sich herum; damit sind elf Planeten gemeint. Warum gerade elf?, wird gefragt. Er sieht elf, und er selbst ist der zwölfte, vor dem sie sich verneigen. Und man sagt: Auch hier ist schon der dreizehnte mitenthalten, denn der Name Joseph bedeutet: »Es komme noch einer!« Joseph ist nur die eine Seite; die andere, kommende Seite blickt in seinem Namen mit um die Ecke.

Die sieben Planeten sind also mit den sieben Wochentagen verbunden. Die Wochentage wiederholen sich vier Mal plus etwas im Monat und fünfzig Mal plus etwas im Jahr. Das entspricht auch einem Sichwiederholen der Planeten, die sich deshalb immer in einer neuen Situation bewegen.

Die Monate werden nach jüdischer Tradition nicht durch astronomische Berechnung festgestellt, obwohl man dies natürlich leicht hätte tun können. Als Prinzip gilt aber, gerade beim Mond, daß der Mensch feststellt, ob der Neumond da ist oder nicht. Zwei voneinander unabhängige Zeugen müssen den neuen Mond gesehen haben und das dem Gericht mitteilen. Dann erst gilt der neue Mond.

Nun kann man denken, das sei ein »Spiel«, ein »Ritual«. Da der Mond, den man sieht, Ausdruck ist vom Mond im Heiligen, im Jenseitigen, und dieser Mond die irdische Zeit, das Fließen der Zeit bestimmt, soll es der Mensch sein, der wiederum über diesem Zeit-Prinzip steht, soll es der Mensch sein, der das feststellt, wie der Mensch erst als Zeuge im irdischen Geschehen eine Sache als geschehen oder nichtgeschehen festlegen kann. Zwei Zeugen gelten immer als Voraussetzung bei Angelegenheiten von Mensch zu Mensch. *Ein* Zeuge kann nur nicht-menschliche Sachen bestimmen. »Zwei Zeugen« will sagen, daß nur durch den Menschen die beiden Seiten des Lebens berücksichtigt werden können, die erscheinende und die verborgene Seite. Erst wenn zwei Zeugen da sind, unabhängig voneinander — wie das Verborgene und das Erscheinende unabhängig voneinander sind und nur durch den Menschen die Verbindung erhalten —, erst dann »darf« der Mond gezählt werden. Die Zeitrechnung im Fließen sollte dem Menschen verbunden sein.

Man muß also genau schauen, wann der Mond beginnt, wann er erscheint. Die Dauer des Tierkreiszeichens Widder zum Beispiel hängt vom »Sehen« des Mondes ab. Festliegend könnte es nur sein, wenn auch der Mond festliegend wäre. Das ist aber nicht der Fall. Daher sagt die jüdische Überlieferung, daß die fremden Astrologien niemals exakt sein können. Man müßte Unstimmigkeiten einbeziehen, die eine Berechnung im mathematisch-exakten Sinn unmöglich machten. Der »menschliche Faktor« — die zwei Zeugen — ist nicht zu »berechnen«. In manchen Kommentaren werden Beispiele der chaldäischen, also der heute größtenteils gehandhabten Astrologie gegeben und aufgezeigt, was alles aufgrund der Unstimmigkeiten eigentlich noch miteinbezogen werden müßte. Der grundsätzliche Einwand lautet dann immer: Bei der Astrologie des Werdens tut man so, als ob das Licht des Mondes wie das Licht der Sonne, und das Licht der Sonne wie das Licht der Schöpfung sei; sie tun, als ob der Mensch schon endgültig, schon am Ziel sei, deshalb gibt es die Irrtümer. Die mit der Zwölf gemessene Welt der Erscheinung, der Bewegung, ist eben nicht ganz adäquat zur Welt des Feststehenden. Das »Ungefähr« ist aber sehr wichtig.

Die mit den Namen der Wochentage bezeichnete Abfolge ist, wie wir sehen werden, nicht zufällig, sondern Ausdruck einer Reihenfolge im Unbewußten, die eigentlich nur mythologisch, und nicht astronomisch, also naturwissenschaftlich, begründet ist. *So* geschieht es *dort*. Der Sonntag hat die Sonne im Namen. Biblisch ist es der erste Tag der Schöpfung: Die Auferstehung der Schöpfung aus dem Chaos. Das chaotische Nichts also als Vorbedingung auch im Menschen für das Hervorbrechen einer Kreation. Eine Krise, eine Verzweiflung ist da, und von dorther kommen Licht und Ordnung hervor. Eine Ordnung im Menschen ohne vorhergehendes Chaos wäre nur etwas Erzwungenes. Das »tohu-wabohu« — »wüst und leer«, wie man übersetzt — das ist die Welt im Anfang.

Am ersten Tag ist die Sonne, die Sonne an sich, da; nicht die Sonne, die wir sehen, sie wird erst am vierten Tag geschaffen, sondern die Sonne als Ur-Licht. Im Hebräischen heißt die Sonne »schemesch«, das bedeutet auch »Diener«. Sie dient dem Herrn, indem sie hier Ordnung zeigt. Das Licht klärt auf, es zeigt die Konturen, es zeigt Grenzen, es zeigt Harmonie. In der Finsternis herrscht Chaos; auch wenn dort Harmonie wäre — man kann sie nicht empfinden, tastet umher und ist immer in Gefahr zu straucheln. Das Licht aber zeigt die Proportionen und steht am Anfang dessen, was wir die Vernunft nennen.

Die Sonne ist in einem Horoskop unserer Astrologie sehr wichtig, denn sie zeigt das Erscheinen aus dem Chaos. So geht der Mensch aus dem Chaos hervor, aus den vielen Dingen, die ihn sonst ersticken würden, aus Same und Eizelle, zustandegekommen in einer Konzeption. Man berechnet daher den Sonnenstand an zwei Seiten: beim Moment der Konzeption und beim Moment der Geburt. Beides wird berücksichtigt.

Wie aber kommt man zum Moment der Konzeption? Man rechnet exakt 271 Tage von der Geburt an zurück. Das hebräische Wort für Schwangerschaft, »herajon«, 5-200-10-6-50, schreibt sich wie 271. Man sagt: Bei der Konzeption wie bei der Geburt — beide Male wirst du aus einer Finsternis erlöst. Wie die Schöpfung selbst eine Erlösung ist, erscheinend aus dem Tohu-wabohu, dem Chaos.

Die Sonne im Horoskop bedeutet für den Menschen den Moment des Durchbruches. Deshalb ist der Sonntag auch der Tag der Auferstehung. Es ist doch Auferstehung vom Tode, aus der Finsternis, dem Chaos. Die Sonne wird daher auch als die Seite des Menschen in seiner Auferstehung interpretiert. Wie aufersteht er *hier?* Wo und wie steht er *dort?*

Diese Planeten, diese Himmelskörper, werden am vierten Tag der Schöpfungsgeschichte auch »othot« genannt, Zeichen. Sie zeigen etwas von jenseits. Und die Buchstaben der Sprache heißen »othiot«. Denn auch die Buchstaben, die Sprache, bringen etwas herüber aus einer anderen Welt, die für uns unerklärlich und unermeßlich ist. Gerade wenn wir sie erklären wollen, entzieht sie sich uns, geht uns verloren. Nur *erleben* können wir sie, erfahren und empfinden, nicht aber messen. Das Zeichen ist dieses Erlebnis: Ein Sich-zeigen von einer anderen Welt her.

Die Zeichen zeigen: Was für dein Geborenwerden hier wie Willkür aussieht, hat eine merkwürdige Harmonie. Daß einer als Chinese oder als Schweizer geboren wird, erscheint uns zufällig, ist aber Ausdruck eines uns unbegreiflichen harmonischen Ganzen.

Die Sonne ist sozusagen der Durchbruch-Planet, zeigt die Veranlagung des Menschen zum Durchbrechen. Sie nimmt eine wichtige Stellung ein, denn das Zweite, das Dritte oder Vierte nach dem Durchbruch kommt, könnte man sagen, dann fast von selber. Eine Kontinuierung ist da zu erwarten, bei der wiederum Neues kreiert wird. Durchbruch aber ist Ordnung aus dem Chaos, Auferstehen aus dem Grab, Ordnung aus Verwesung. Der Mensch stirbt, verwest oder wird zu Asche verbrannt. Nichts mehr scheint übrig. Dennoch: Aus diesem Nichts, dem Sich-entziehen hier, zeigt die Sonne die Möglichkeit eines Durchbruchs. Sie »dient«, hier zu zeigen, was jenseitig ist und wie der Durchbruch zustandekommt. Sie klärt und dient zu erklären. Der Weg fängt an, auf dem die Vernunft mitkommen muß. Ein Weg ohne Vernunft wäre ein Weg ins Chaos.

Der Montag, der zweite Wochentag, ist der Tag des Mondes. Am zweiten Schöpfungstag wird die Scheidung zwischen den Wassern gemacht. Es gibt dann die Wasser unterhalb und die Wasser oberhalb des Firmamentes. Wasser bedeutet, wie Sie wissen, in der Entsprechung hier, die Zeit. Wenn die Wasser getrennt werden, will es sagen: Die Zeit ist nicht eindeutig. Unserer Zeit, mit der wir hier rechnen können, steht eine jenseitige Zeit gegenüber, eine himmlische Zeit, eine absolute Zeit. Die Überlieferung nennt sie die männliche Zeit gegenüber der weiblichen.

Die männliche Zeit ist für uns unermeßlich, ein Mysterium. Von ihr erzählt die Bibel zum Beispiel dort, wo von »vierzig Tagen« die Rede ist oder von den »vierhundert Jahren« der Knechtschaft in Ägypten. Wenn wir da auf unsere Zeittafel schauen und ausrechnen würden, von welchem Jahr v. Chr. bis zu welchem das gewesen sein mag, dann hieße das: einer Frau männliche Kleider anziehen. Sie wird dann nicht mehr als Frau erkannt. Man soll der weiblichen Zeit ihr Recht geben, sie aber nicht so mit dem Mann »messen«. — Was ist der Sinn vom Tun des Mannes mit der Frau in der Schöpfung? Der Mann befruchtet die Frau. Die männliche Zeit ist gegeben, damit die Zeit hier befruchtet wird und Neues geboren werden kann aus dem Zusammenkommen der männlichen mit der weiblichen Welt.

Sie kennen doch das christliche Bild der Befruchtung vom Himmel her: Maria, die Frau hier, und der unsichtbare Mann. Das führt zur Frucht, zum befreienden Neuen. Rechnet man aber nur mit der Zeit hier und will man das Geschehen mit Maria auch biologisch erklären, dann ist es wie ein Zerbrechen dieses Geschehens, ein Entweihen. Man könnte aber erkennen: Hier kommen die Maßstäbe des Jenseitigen ins Diesseitige. Dann ist man nicht mehr so verlassen im Diesseitigen, wo man fortwährend nur rechnen und planen muß.

Bei der Sonne, könnte man sagen, sind obere und untere Wasser noch eins. Beim Mond aber gibt es nur noch die Wasser unten, eine Teilung ist eingetreten, die Zeit hat sich gespalten. In der Struktur steht der Mond links, die Sonne rechts. Man spricht von der linken Welt als der weiblichen und der rechten als der männlichen. In jedem Menschen ist das Männliche und das Weibliche da; nur in seiner Erscheinung gibt es eine kleine Akzentverschiebung, indem der eine Mensch als weiblicher, der andere als männlicher Mensch *erscheint*. Das ist, wie gesagt wird, nur ein

Fluktuieren; in Wirklichkeit und eigentlich ist jeder Mensch klar männlich-weiblich.

Der Mond gibt die Möglichkeit des Messens. Die linke Seite: Ein Weg beginnt, eine Entwicklung fängt an. Der Mond zeigt das auch in seiner Erscheinung. Einen Moment ist er gar nicht da, Neumond, dann erscheint er erst als kleiner Streifen, wächst und wächst bis zum Vollmond, worauf er wieder abnimmt und kleiner und kleiner wird bis zum Neumond. Die Phasen des Heranwachsens und Zurückgehens zeigen einen Weg.

Beim Mond erkennt man auch, daß sein Licht ein indirektes ist. Wenn wir also Erklärungen von der linken Seite, der erscheinenden, der wachsenden Welt bekommen, so müssen wir wissen, daß sie immer nur indirekt sein können. Es wäre dann wichtig, die Erscheinung durchschauen zu können und zu sehen: Das Licht kommt von anderswo her. Zwar erhellt es, gibt aber nicht die volle Helle. Der ganze helle Tag ist noch nicht da. Es ist noch ein geliehenes Licht, wie beim Mond. Es widerstrahlt bloß.

Die Stellung des Mondes im Horoskop kann Wichtiges über die körperliche Erscheinung mitteilen. Für die linke, die körperliche, die erscheinende Seite des Menschen ist die Situation des Mondes entscheidend. Der Körper hat, wie der Mond, Phasen. Im weiblichen Körper zeigt sich sogar die Mondperiode. Man kann es messen. Im Konkreten, spürt man, gibt es kein konstantes So-bleiben. Alles hier zeigt die Schwingung der Welle, das Auf und Ab, wie der Mond es hat.

Vom Mond her kennen wir unser körperliches Empfinden. Jeden Augenblick ist es anders. Absolutes gibt es im körperlichen Dasein nicht. — In der alten Medizin wurde zum Beispiel gesagt: Keinen Aderlaß bei abnehmendem Mond! Man sah die Zusammenhänge und wußte, daß der Körper schwach ist, wenn der Mond abnimmt. Bei Vollmond dagegen ist der Körper stark; manche Menschen glauben dann sogar, die Sonne scheine. Das sind die Schlafwandler, die, als sei es Tag, über die Dächer spazieren, ohne herunterzufallen. Sie tun, als sei schon »Ende der Tage« und die Sonne, die kommende Welt, schon da. Ruft man sie an: »Paß auf, was tust du?« fallen sie herunter. Sie entdecken, daß es Nacht ist und stürzen.

Der Vollmond bringt dem Menschen einen merkwürdigen Übermut. Er spürt: »Ich könnte mehr!« Es ist, könnte man sagen, eine Zeit des Frechseins.

Vollmond, wachsender, abnehmender oder Neumond im Horoskop bedingen ganz unterschiedliche Verhältnisse, die sich im Körperlichen äußern. Man bedenke aber, daß es sich um Zyklen handelt, daß hier »schwächer« und »stärker« abwechseln. Deshalb weist man darauf hin, daß bei einer körperlichen Krankheit nie etwas im Sinne der Endgültigkeit gesagt werden kann, denn da würde man auch so tun, als sei der Mond die Sonne. Hier aber ist es nicht so, hier ist immer die Änderung.

Von da her stammt ein Brauch, der nicht nur im Judentum, sondern in vielen alten Kulturen galt: Man benennt eine Krankheit nicht, gibt ihr keinen Namen. Das Namen-geben ist ein Fest-stellen, also ein Den-Mond-zur-Sonne-machen. Man kann sagen: »Du fühlst dich nicht wohl, ich wünsche dir Besserung«, aber man soll das Kranksein nicht festlegen. Denn das Festlegen, das Namengeben hat eine starke Wirkung. Im Judentum ist ein Brauch überliefert, dem man auch heute noch hie und da folgt: Wenn jemand sehr schwer krank ist, gibt man ihm einen neuen Namen. Unter dem einen Namen, sagt man, ist er krank; jetzt soll er einen neuen Namen, ein neues Leben haben. So großer Einfluß wird dem Benennen im alten Wissen zugeschrieben. Gerade weil wir nicht wissen — vom Nicht-wissen her —, sagt man, entfaltet das Benanntwerden seine große Kraft; dieses Nichtwissen verbürgt seine Wichtigkeit.

Man kann vom Mondstand natürlich keine unmittelbare Schlußfolgerung auf den Körper ziehen, indem man zum Beispiel sagt: Jetzt ist abnehmender Mond, also ist es für meinen Körper gefährlich, dies oder das zu tun. Vielleicht soll etwas gerade bei abnehmendem Mond getan werden, vielleicht liegt da gerade eine große Möglichkeit. Einbeziehen könnte man den Stand des Mondes schon, sollte aber dabei bedenken, daß es noch mehr Planeten gibt, und daß überhaupt Begriffe wie Liebe, Gnade, Barmherzigkeit alles andere mitbestimmen. Das Wunder steht auch in Beziehung zum Leben. Der Himmel zeigt nicht nur Sterne und Planeten, der Himmel zeigt, daß es einen Gott geben kann, der zum Menschen auch auf ganz andere Weise in Beziehung steht.

Was hat, könnten wir uns fragen, der Mond nun mit der Fruchtbarkeit des Menschen zu tun, mit der Fruchtbarkeit der Frau? Im Zyklus der Frau gibt es die Momente von fruchtbar und unfruchtbar, Momente, wo die Fruchtbarkeit wahrscheinlich, und Momente, wo sie fast sicher ist. Man spürt: Hier äußert sich ein Verlangen zur Fruchtwerdung, zum Hervorbringen, zum Zeigen der Frucht.

Wir kennen in der Mondperiode aber auch den

Neumond, das Verschwinden des Mondes. Daher sieht man den Mond auch als Planet, der den Sterbemoment anzeigt. Es gibt eine Phase, wo der Mond verschwindet und ein neuer kommen muß, und während dieser Phase einen Moment, in dem nichts da ist. Das ist, sagt man, der Moment, wo der Körper verschwindet. Das alte Wissen sieht den Neumond als Entsprechung des Sterbemoments in der Erscheinung des Menschen. Der Mond aber zeigt auch, daß es sich dabei um eine Erneuerung handelt. Gedeutet wird der Neumond im Horoskop daher als Erneuerung in der Erscheinungs- und Wahrnehmungskapazität: Ganz Neues kann geschehen.

Im jüdischen Brauch ist der allmonatliche Neumond ein Festtag. Er heißt »rosch chodesch«, »Haupt« oder »Prinzip des Erneuerns«, und er ist im Alten Testament durch besondere Opfer — also durch besondere Art des Sich-annäherns dem Ursprung, Gott — hervorgehoben. Das Sterben ist wie diese Erneuerung, die einem kommt. Man muß nicht erschrecken, der Mond wird doch wieder sichtbar. Einen Moment ist man fort, gleich darauf aber wieder da. Aus dem Mondzyklus entwickelt sich an jedem Neumond eine neue Periode, ein neues Leben. Eine Art »ewiger Wiederkehr« oder Reinkarnation, wie es manche Kulturen nennen. In der Kabbala des Judentums heißt es »gilgul«: Ein Immer-wieder-in-Erscheinung-treten in allen Welten.

Die Saat hier ist tausendfach, aber immer kommt nur *eine* Frucht. Warum diese Verschwendung? Damit es anderswo Frucht bringen kann, denn es gibt doch nicht nur diese sichtbare Form des Erscheinens, sondern noch tausendfach andere Möglichkeiten. Im Kosmos ist alles ganz genau berechnet, nichts ist da zu viel oder zu wenig, wie man das staunend im Materiellen immer wieder feststellen kann. Im Erscheinen des Lebens aber scheint ein rätselhafter Überfluß, eine Art Verschwendung zu herrschen. Es ist aber nichts verschwendet, sagt das alte Wissen, denn das Leben erscheint in vielen Welten, nicht nur in der sichtbaren.

Als ich davon sprach, daß der Mond im Horoskop etwas vom Sterbemoment aussagt, meinte ich natürlich nicht, daß man diesen Moment etwa berechnen könnte. Zum einen gibt es da — falls man so etwas überhaupt berechnen könnte — noch viele andere Faktoren, die miteinbezogen werden müßten, vor allem die sechs unbekannten Planeten, zum anderen ist jeder Moment, in dem der Mensch sich erneuert, ein Sterbemoment. Vielleicht ist es möglich, daß man eine Ahnung davon bekommen könnte, wann eine große Erneuerung im Menschen stattfindet. Und das muß keine Erneuerung durch Tod sein, es kann sich dabei auch um eine gewaltige Revolution im Leben handeln.

In der Nacht ist die Sonne verborgen; sie ist jenseitig irgendwo, jenseits unserer Erdkugelhälfte, also für die räumliche Sicht unsichtbar. Das alte Wissen deutet die Welt, in der man Erscheinendes sieht, als einen Zustand, in dem man das Andere gerade nicht sieht. Viel mehr wäre zu sehen, aber es ist Nacht. Das Mondlicht regiert. Und der Mensch in seiner körperlichen Erscheinung gilt für die Mond-Welt. Die Sonne ist da, wirkt aber nur indirekt, vom Verborgenen her.

Der Beginn ist immer in der Nacht-Welt. Im Muster der Schöpfungsgeschichte ist es erst Abend, dann Morgen, erst Nacht, dann Tag. Erst ist der Mensch in der Nachtphase, der körperlichen, der eingeschränkten, dann kommt eine neue Phase, der Tag, die menschliche Totale.

Der dritte Schöpfungstag, der Dienstag, ist der Tag des Planeten Mars, hebräisch »ma-adim«. Im französischen Mardi zeigt sich auch sprachlich der Mars-Tag.

Der dritte Schöpfungstag ist zweiteilig, es finden zwei Schöpfungen an diesem Tag statt. Nach dem Schaffen des Lichts am ersten und der Spaltung von Zeit in Zeit oben und Zeit unten geschieht im Mars-Zeichen etwas ganz Neues. Dieser Planet hat dort seinen Ort, wo gesagt wird, daß sich die Wasser an einem Ort sammeln und das Trockene sichtbar wird. Räumlich entstehen Meer und Land. Am selben dritten Tag aber heißt es auch, die Erde solle Wachstum hervorbringen, Gräser, Sträucher und Bäume. Zwei Schöpfungen also an diesem Tag, zweimal steht dort »Und Gott spricht: Es sei . . . «. Am ersten, zweiten, vierten und fünften Tag steht diese Formel jeweils nur einmal, am dritten und sechsten Tag aber zweimal. Entsprechend ist die Struktur der Tage:

<table>
<tr><td>Montag</td><td></td><td>Sonntag</td></tr>
<tr><td></td><td>Dienstag</td><td></td></tr>
<tr><td>Donnerstag</td><td></td><td>Mittwoch</td></tr>
<tr><td></td><td>Freitag</td><td></td></tr>
</table>

Dritter und sechster Tag entsprechen sich im Sinne einer Wiederholung. Wir werden dies dann auch bei der Besprechung des sechsten Planeten sehen.

Mars im Horoskop zeigt an, daß eine Auseinandersetzung stattfindet. Mars hat auch mit Krieg zu tun.

Das Metall des dritten Tages ist das Eisen. Silber steht am zweiten Tag. Immer wenn die Bibel von Silberdingen spricht, ist damit das gemeint, was man an der linken, an der Mondseite geben kann. Gold dagegen, das Metall des ersten Tages, ist von der Sonnenseite, dem Beständigen, her.

Sie sehen, daß die Metalle im alten Wissen eine ganz andere und viel weitere Bedeutung haben als aus den Beschreibungen der heutigen Chemie hervorgeht. Die Naturwissenschaft nimmt die Metalle als gegeben hin und frägt sich dann, was man mit ihnen anfangen kann. Das alte Wissen aber stellt ganz andere Fragen: Woher kommt es, daß es Metalle gibt? Wovon sind sie Erscheinungen hier? Was bedeutet ihr Erscheinen? Was sich im Zeiträumlichen als Metall zeigt, wird als eine Entsprechung von etwas aus einer anderen Welt gesehen.

Das Gold also von der rechten, der Sonnenseite, das Silber von der linken, der Mondseite; das Eisen aber, das dritte Metall, wird im Zeichen des Schwertes gesehen. Von diesem Schwert und diesem Kriegsmaterial heißt es bei Jesaja, es werde einmal umgeschmolzen in Pflugscharen.

Mars bringt, wie das dritte Tierkreiszeichen, die Auseinandersetzung. Ein Kampf findet statt. Es herrscht Krieg. Wir sollten diese Begriffe »Schwert«, »Kampf« und »Krieg« nicht nur im Konkreten, also einseitig, sehen. Denken wir daran, daß es sich auch hier um Begriffe im Sein handelt, zu denen wir hier die Entsprechungen finden könnten.

Der dritte Tag wird auch als der Tag gesehen, an dem das Kind geboren wird. Der Vater steht rechts, auf der Seite der Sonne, am ersten Tag, die Mutter links, auf der Mondseite, das Weibliche am zweiten Tag. Am dritten Tag zeigt sich die Frucht aus diesem Gegensatz. Dieses Dritte hat Doppeltes: Etwas vom Vater und etwas von der Mutter ist in ihm, beide Seiten sind mit da.

Am dritten Schöpfungstag erscheinen auch die beiden Bäume, die wir als Baum des Lebens und als Baum der Erkenntnis von gut und böse kennen. Bäume im Mythos sind Bilder des Wachstums. Vom Jenseitigen her wächst etwas in die Erscheinung. Der Baum der Erkenntnis bedeutet: Für den Menschen ist jetzt eine Herausforderung da; er ist herausgefordert, sich eine Meinung nach seiner Wahrnehmung zu bilden. Das ist gewiß nichts Böses. Die Herausforderung besteht aber auch darin, sich eben nicht *nur* auf das Wahrnehmbare und Meßbare einzulassen, sondern das Entscheidende vielleicht dort zu suchen, wo man weder sehen noch messen kann.

Wir wissen aus dem Fortgang der Geschichte, daß der Mensch diese Welt des Mondes wählt, wie er ja auch im Zeichen des Mondes geboren wird. So kommt er in eine Welt, die sich als Weg zeigt, in der man messen kann, in der es immer ein Früher und ein Später gibt.

Was ist nun Mars, was der Kampf, der Krieg im Menschen? Es ist die Frage: Wird er nach dem urteilen, was er wahrnehmen und messen kann, oder nach dem, was er fühlt? Es könnte auch sein, daß er sich dem Sichtbaren gerade entziehen möchte, weil er es auf andere Art besser spüren, übersehen und einsehen kann. Es gibt Menschen, die sich gern dem Außen zuwenden, geborene Techniker und Bastler, geschickte Leute, die alles gleich können. Und es gibt Menschen, die im Konkreten sozusagen immer ein bißchen herumschweben, nur wie ein Gast auf Erden sind. Sie sind ungeschickt und unsicher hier, weil sie sich eigentlich für etwas ganz anderes interessieren. Der Kampf nun zwischen diesem und jenem Menschentyp ist — Mars. Es geht dabei aber nicht um ein Entweder-Oder, sondern um die Einheit von beiden.

Wer diese Welt wählt, gleich sicher und selbstbewußt hier ist und gar nicht menschenscheu, wer sich sofort als Zentrum fühlt, wo immer er hinkommt, und wer es schon gewohnt ist, daß man sich um ihn kümmert — ein solcher Mensch verkörpert den extrovertierten Mars-Typ. Ihm steht der ungeschickte Introvertierte gegenüber. Zwischen beiden findet die Auseinandersetzung statt. Es könnte sein, daß der Geschickte — sagen wir einmal: der Ingenieur — gern vom Anderen wissen möchte, wie auch umgekehrt der irdisch sehr Unbeholfene gerade Interesse für praktische Fragen einer Unternehmensführung haben kann. Die Auseinandersetzung kann sich aber auch in der Form starker Irritation durch die andere Seite abspielen. Es gibt Leute, die nur Zahlen und Bilanzen vertrauen und nicht nur vom Anderen nichts wissen wollen, sondern sehr dagegen sind. Wie es z. B. Wissenschaftler gibt, die äußerst irritiert sind, wenn man vom Himmel spricht. Virchow soll gesagt haben, er habe beim Sezieren nie eine Seele gefunden. Gewiß, das ist unmöglich, wie Kosmonauten ja auch nicht Engeln begegnen. Die Irritation wird eben dadurch hervorgerufen, daß die Seele oder Engel weder zu sehen noch zu beweisen sind.

Wir finden beim Mars etwas wieder, was wir bei den Zwillingen Esau und Jakob gesehen haben. Esau, der Geschickte, der alles hier erreichen kann, und Jakob, der auf merkwürdige Art irgendwie durchkommen muß. Es sind die zwei, die sich begegnen, ohne daß es zur Entscheidung kommt. Vom dritten Tag heißt es auch, daß dort der Mensch, diese Zweiheit, seinen Platz habe.

Das wird nun aber gar nicht im ungünstigen Sinn gesehen. Gerade weil an diesem Tag der Mensch im Entweder-Oder steht, ist es ein schöner alter Brauch im Judentum, eine Hochzeit am Dienstag zu feiern. Gerade dann soll man sich vereinigen. So verbindet man den Baum der Erkenntnis mit dem Baum des Lebens, das Erscheinende mit dem Verborgenen; das aber, die Verbindung, wird der Weg dann sein.

Am Dienstag, dem Tag der Herausforderung, soll man die Vereinigung suchen. Mars im Horoskop sollte den Menschen zur »Hochzeit« zwischen den Gegensätzen auffordern, damit nicht die Gegenpole alleingelassen, jeder für sich, bestehen bleiben. Daher macht Einseitigkeit den Mars-Mensch arm und beschränkt, während er sich doch sehr nach Vereinigung sehnen könnte.

Der vierte Planet, Merkur, hat zur Sonne Verbindung. Nach der alten Struktur stehen ja der erste und der vierte Schöpfungstag in Parallele zueinander. Bei den Alchimisten spielte Merkur eine wichtige Rolle, denn mit seiner Hilfe wollte man Gold machen. Auch darin ist etwas vom Wissen um den Zusammenhang zwischen Erstem und Viertem erkennbar.

Im Hebräischen heißt der Merkur »kochab«, und dieses Wort bedeutet einfach »Stern«. Die Sterne aber werden zusammen mit Sonne und Mond auch am vierten Schöpfungstag geschaffen. Am Mittwoch also, dem Tag des Merkur, gelangt das Ur-Licht hier im Licht von Sonne, Mond und Sternen zur Erscheinung. Am vierten Tag erfolgt eine Konkretisierung. Mit Merkur kommt eine neue Botschaft in die Welt. Entsprechend ist Merkur als biblische Person Mose zugeordnet. Bei Mose fängt das Bekanntwerden des Wortes an. Gestalt und Person des Mose im Jenseitigen bedingen es, daß für den Menschen hier ein Weg durch die konkrete Welt beginnen kann.

In der Mythologie des Altertums ist Merkur der Bote. Mose ist nicht nur Bote, sondern er führt den Menschen aus einer Welt der Knechtschaft bis an die Grenze zur anderen Welt, in die Befreiung; Josua führt ihn dann hinüber. Merkur zeigt den Weg, der sich jetzt zum Gehen anbietet; er sucht im Menschen einen Anfang, um Botschaft zu bringen. Nach der Überlieferung gibt es eine enge Beziehung zwischen Mose und dem Propheten Elia, welcher der Bote der guten, der überraschenden Nachricht ist. Elia ist nach der Überlieferung mit Pinchas identisch, dem Sohn des Eleasar, Sohn Ahrons (4. Mose 25, 7—14). Elia stirbt nicht, er kennt nicht den Geschmack des Todes und des Grabes. Der Bote der guten Nachricht lebt ewig.

Nach den drei ersten Schöpfungstagen erfolgt, wie man sagt, eine Wiederholung in ebenfalls drei Tagen. In dieser zweiten Dreiheit entspricht der vierte Tag dem ersten, der Mittwoch dem Sonntag. Auch beim Mittwoch geschieht ein Durchbruch. Die ersten drei Tage, die mit Mars zu Ende gehen, bilden die Vergangenheit. Da besteht nun die Gefahr einer großen Einseitigkeit, denn der Mensch nimmt doch vom Baum der Erkenntnis, geht doch verloren. Wie kann er jemals wieder zurückfinden, da er doch vertrieben wird?

Da kommt der vierte Tag. »Sieg« heißt er in den Sephirot, »nezach«. Es ist ein Durchbruch. Dieses Mal kein Durchbruch aus dem Chaos, wie beim Sonntag, sondern ein Durchbruch aus dem Gefühl des Verlorengegangenseins. Merkur bringt diese gute Nachricht. Er wird deshalb als ein günstiges Zeichen gesehen. Da ich schon Mose als zum Planeten Merkur zugehörig erwähnt habe, möchte ich die Zuordnungen biblischer Figuren auch für die anderen Wochentage ergänzen. Zum Sonntag gehört Abraham, am zweiten Tag, beim Mond, steht Isaak, am dritten Jakob, Mose gehört zum Mittwoch, Ahron zum Donnerstag, Joseph zum Freitag und David steht für den siebten Tag.

»Kochab«, Stern also. Ein Stern ist wie der Bote, der mitteilt, wie weit es steht. Denken Sie an den Stern von Bethlehem, der erst wandert und dann über dem Geburtsort Jesu stehenbleibt. Im Hebräischen schreibt sich »kochab«, 20-20-2, als 42. Nach der Genealogie Jesu, die bei Matthäus mitgeteilt wird, ist Jesu der 42-ste in den Generationen. Mit ihm ist die 42 erfüllt. Der Stern, der Bote weist darauf hin. Wie sein Name in den Proportionen mit 42 identisch ist, ist die Zeit der Generationen erfüllt: Der Stern steht still.

Eine Entsprechung zeigt sich auch im Weg, den die Kinder Israel durch die Wüste ziehen, bevor sie ins Gelobte Land kommen. Im vierten Buch Mose werden die verschiedenen Stationen dieses Weges aufgezählt: Es sind genau 42. Ein Stern also hat Israel begleitet, ein Bote führt sie.

Hermes ist in der griechischen Mythologie der Bote, der schnell und eilends die Nachricht bringt. Das Metall, das dem Merkur (Hermes) zugeordnet wird, ist das Quecksilber. Es ist so schnell, man kann es nicht fassen, nicht festhalten, es eilt weiter und weiter.

Wir kommen nun zum fünften Planeten, zu Jupiter. Im Hebräischen heißt er »zedek«, was man mit »der Gerechte« übersetzt. Eigentlich ist dieser Gerechte der Zaddik, von »zade«, »Angelhaken«, der die Fische fängt. Wir haben ausführlich vom Fischer bei den Zeichen Fische und Wassermann gesprochen. Der Fischer holt den Menschen aus der Gefangenschaft der Zeit und zeigt ihm eine neue Welt.

In der Mythologie steht die Gestalt des Jupiter zentral. Wir wollen sehen, wie es sich mit dem »zedek« verhält. Am fünften Schöpfungstag kommt das Leben oberhalb bis an die »rakia«, bis an das Firmament heran, und unterhalb ins Wasser: die Vögel und die Fische. Jetzt also kommt Leben, wie wir es kennen, bewegendes Leben. Auch die Pflanzen haben Leben, aber stillstehendes, abhängiges. Sie haben kein Blut, nur Säfte. Mit den Fischen und Vögeln kommen kaltes und warmes Blut.

Das Blut stellt die Verbindung zwischen allen Organen des Menschen her. Durch das Blut lebt der Leib. Und Blut, hebräisch »dam«, von »dome«, »gleichen«, ist ein Gleichnis Gottes. Auch beim Abendmahl ist es das Blut — der Wein—, wodurch der Mensch mit allem verbunden wird und dann erst lebt. Läßt er aber etwas absterben, indem er keine Verbindung herstellt, weil es ihm zu unwichtig scheint, dann fault es, bedroht ihn, und er muß es amputieren, um nicht selbst unterzugehen.

Das Blut, das mit den Fischen und Vögeln in Erscheinung tritt, verbindet und schafft neues Leben. Ahron, erzählt die Bibel, muß zu Mose treten. Als Mose zu Gott sagt: »Ich kann nicht sprechen«, antwortet ihm Gott: »Dein Bruder Ahron wird für dich reden.« In der Bibel heißt es dann aber immer, daß Mose spricht. Die Überlieferung sagt dazu: Das ist das Sprechen auf der rechten Seite; links aber, wie der Mond, steht der Hohepriester Ahron und spricht. Er ist es eigentlich, der mitteilt. Es will sagen: Das Leben, wie es hier, also auf der linken Seite erscheint, kann nur das ausdrücken, was »rechts« gemeint ist.

Am vierten Tag — rechts in der Struktur — kommen Sonne, Mond und Sterne, und am fünften — links — das Blut, Grundlage für die Erscheinung des Lebens. Man sagt: Das Leben des Menschen ist also eine Entsprechung von Sonne, Mond und Sternen. Davon wird die Daseinsberechtigung der Astrologie abgeleitet, vom vierten und fünften Planeten also, von »kochab« und »zedek«.

Wie erster und vierter Planet, Sonne und Merkur, eine Parallele zeigen, so auch zweiter und fünfter, Mond und Jupiter. Der Mond, sagt man, drückt das Körperliche aus, Jupiter gibt dem Körper die Lebensgrundlage: das Blut, das Sich-bewegen-können. Die Bewegung des Vogels, der leicht ist, hinauf und die Bewegung des Fisches im Wasser. Beides ist im Menschen, wie die Zeit oberhalb, die männliche, die biblische Zeit, und die Zeit unterhalb, die weibliche, die Jahre, mit denen wir rechnen. Zwischen beiden gibt es eine Verbindung. Gerade die Sterne zeigen sie.

Jupiter kann viel über das Befinden des Menschen sagen, über seine Stärke, über seine Schwäche. Für den Menschen im Jupiter stellt sich die Frage: Überwiegt die Vogel- oder die Fisch-Seite? Hat er vielleicht beides in einem? Wie steht Merkur? Welcher Zusammenhang zeigt sich zum Mond?

Im Zeichen Jupiter wird das Leben des Körpers weiter beschrieben. Auch Ahron hat mit dem Körper zu tun. Denn was bei den biblischen Opfern »Tier« genannt wird, entspricht den Vorgängen im Körper und Leib des Menschen. Das Tier ist die Erscheinung des Menschen. Stiere, Rinder, Ziegen, Lämmer und Tauben kommen zum Hohepriester — ein Bild für die Weise, wie der Mensch im Leben den Weg geht, »näher kommt«. »Korban«, Opfer, bedeutet »sich nähern«, dem Ursprung »näherkommen«.

Jupiter ist entscheidend dafür, was vom Menschen in seinem körperlichen Weg erwartet wird. Man erfährt durch ihn viel über das Befinden der menschlichen Organe. Vielleicht fragen Sie, wo man denn solche Deutungen nach Jupiter im alten Wissen findet? Da kann ich Ihnen eine Antwort geben, die Sie vielleicht überraschen wird: Im dritten Buch Mose, im Buch Leviticus, wo von den Opfern erzählt wird, in dem der Hohepriester Ahron die beherrschende Gestalt ist. In diesem Buch wird die ganze menschliche Anatomie vom Jenseitigen her beschrieben. Von dorther erfahren wir ganz andere Aspekte unseres Gesundseins und Krankseins, als wir es von der medizinischen Wissenschaft gewohnt sind.

Die diesseitige Anatomie ist richtig, gewiß, sie wird auch ohne weiteres anerkannt. Jene andere Anatomie aber geht der Frage nach: Was ist es eigentlich im Menschen, wodurch er krank wird, wodurch er gesund bleibt? Die alte Medizin interessiert sich merkwürdigerweise nicht so sehr für den kranken Menschen, sondern legt den Nachdruck auf das Gesund-werden und das Gesund-bleiben; sie fragt auch vor allem nach den Ursachen des Krankwerdens. Sie handelt eigentlich vom Leben des Menschen — wie es ist, wenn er gesund ist. Und wenn er krank wird, so ist diese Einsicht in die Struktur des Gesundseins der erste Ansatzpunkt für das Gesundwerden. Die medizinischen Mittel, die dann geboten erscheinen, überläßt man den niederen Instanzen.

Das alte Wissen von der menschlichen Anatomie * könnte unser Bild vom Menschen viel vollständiger machen. Was dort von den Organen und ihren Funktionen mitgeteilt wird, könnte sehr befruchtend wirken auf eine Sicht, die sich ganz auf körperliche Vorgänge beschränkt hat und darin allerdings, auf ihre Weise, sehr weit gekommen ist.

* Ausführlich habe ich davon mehrere Tage lang im Sommer 1975 erzählt. Die Kassetten dieses Kurses, »Der menschliche Körper«, sind beim ISIOM Weinreb Tonarchiv erhältlich.

SIEBTES KAPITEL

Der Planet Venus als »Hinde des Morgens« · Die Verlassenheit · Der Tröster, der sich eilt wie die Mandel · Tamar und Juda: eine Saturn-Geschichte · Die Angst vor der Frucht · Umhülltsein als Prägung des siebten Tages · Die persönliche Erlösung im Zeichen des achten Planeten · Die Zeit in der Unterwelt · Der zehnte Planet zeigt die Zukunft des Menschen · Maßstäbe der Hoffnung · Neue Sonne und neuer Mond

Der Mensch, wenn er hier erscheint, bringt etwas vom Sein mit, das überall und ewig ist. Bestimmt vom Geburtsmoment, erscheint es hier. Das ist eine *Will*kür-Bestimmung, ein Ausdruck unseres *Willens* also. Bei diesem Geburtsgeschehen kommt, heißt es, etwas von einer Kausalität mit, welche also auch gilt, obwohl man den Geburtsmoment für willkürlich hält. Im Sein, könnte man sagen, gibt es eine Kausalität zu dieser Willkür hin.

Der sechste Planet, der Planet des Freitags, Venus, heißt im Hebräischen »nogah«. Dieses Wort hat mit den Begriffen des Scheinens und Erscheinens einen Zusammenhang. Der Mensch wird am sechsten Tag der Schöpfung geschaffen; er erscheint also hier im Zeichen der Venus.

Als wir vom Tierkreiszeichen Jungfrau sprachen, haben wir dort auch einen Zusammenhang mit der Erschaffung des Menschen gesehen. Nun aber, im Planeten, der Bewegung also, wird der Mensch hier tatsächlich auch geboren. Nicht nur, daß der Mensch hier überhaupt sein kann — im Planeten Venus *erscheint* er. Durch Venus kann der Mensch sich hier auch gut darstellen, kann erkannt werden als der, der er ist. Am sechsten Tag aber kommt auch die Schlange zum Menschen, zu seinem weiblichen Teil, seiner erscheinenden Seite, und läßt ihn einen *langen Weg* gehen. Es sieht sogar so aus, als ob er untergeht; aber ganz am Ende — am Ende der Tage — kommt er wieder nach Hause. Aber dort, wo die Schlange mit dem Menschen spricht, beginnt der lange Weg.

Im Neuen Testament gibt es dazu eine Entsprechung: Das Erscheinen Jesu, aber auch seine Kreuzigung am Freitag. Er ist da — und man würde doch sagen, jetzt könnte er *bleiben*. Gleich aber zeigt sich die Gegenseite: die Kreuzigung.

Im Zeichen des sechsten Planeten findet der Mensch Sympathie, ruft aber zu gleicher Zeit die Sympathie der Gegenseite hervor, erweckt damit Ärger und Aggression. So kann Venus auch für die Gesellschaft, für die Welt unangenehm sein, denn je Gewaltigeres sie schenkt, desto größerer Ärger auf der Gegenseite. Im Venus-Aspekt zeigt sich die Möglichkeit des Schenkens, eines so bedingungslosen Schenkens sogar, daß die beschenkte Seite sich ärgert.

Der Mensch kann sich ganz hingeben. So hingeben, wie Gott sich bei der Schöpfung hingibt, damit die Welt sein kann. Mit dieser restlosen Hingabe, heißt es, erweckt Gott die Aggression der Welt. Die Aggression zeigt, daß das Geschenk zu groß ist, um verstanden und angenommen zu werden. Die Aggression der

Schlange läßt einen langen Weg anfangen, der vielleicht böse aussieht, dennoch aber ein Weg zur Einheit ist. Am Ende wird es gut.

Ein ungünstiger Stand der Venus bedeutet: Ärger wird erweckt, Tumulte kommen, der Mensch wird angegriffen. Er zieht aber die Angriffe nicht auf sich, weil er Böses, sondern gerade weil er Gutes tut. Diese Art des Angegriffenwerdens zeigt sich auch bei der sechsten Gestalt in der Struktur der biblischen Persönlichkeiten, bei Joseph.

Joseph wird von seinen Brüdern angegriffen und auch in Ägypten verfolgt, weil er Gutes tut. Stellen wir uns einmal vor, er wäre in der biblischen Geschichte der Frau des Potiphar zu Willen gewesen — wie wäre dann alles gekommen? Aus unserer Kenntnis des wirklichen Verlaufs der Geschichte müssen wir sagen: Sehr gut, daß er von Potiphars Frau beschuldigt wurde, das machte ihn zum Traumdeuter und mächtigsten Mann in Ägypten. Ein langer Weg zwar — aber dieser lange Weg hat einen Sinn. Warum muß es über so viel Leid, so viel Mißverständnisse, so viel Mißgunst gehen? Warum ist nicht alles gleich gut?

Venus zeigt eine Art Abglanz des Geschehens, das wir beim sechsten Tierkreiszeichen besprochen haben. Der sechste Planet hat die Beziehung zur Olive, die zwar gepflückt wird — hier im Wachstum also nicht mehr sein kann —, dann aber durch ihr Gepreßtwerden das Öl spendet, das Salböl, von dem »der Gesalbte« den Namen erhält: hebräisch »maschiach«, Messias, das dann über das Griechische zu »Christus« wird. Es bedeutet, daß gerade im Zeichen der Venus — wenn es auch erst wie Pech aussieht und man unschuldig und ungerecht angegriffen wird — das Öl gewonnen wird, mit dem am achten Tag die Salbung erfolgt. Am sechsten Tag aber ist es ein Untergang.

Im alten Wissen wird der Planet Venus auch im Bild der Hirschkuh, der Hinde, gesehen, die am Himmel erscheint: der Morgenstern, hebräisch »ajeleth ha-schachar«, die »Hinde des Morgens«. Das Erscheinen dieses Sterns ist ein Zeichen der Erlösung, wie der Freitag im Neuen Testament die Grundlage der Erlösung bildet. Das Leid, das bis ans Ende gekostet wird, zeigt die Vollkommenheit der Hingabe, von der auch bei der Erschaffung der Welt die Rede ist. Die Welt, heißt es, kann nur sein, weil Gott sich vollkommen hingibt, sich sozusagen ins Nichts zurückzieht, um die Welt frei und groß werden zu lassen. In der Welt wird das Sich-schenken als Leid gespürt, weil es weder erkannt noch anerkannt wird.

Der Psalm 22 beginnt im Hebräischen: »La-menazeach al ajeleth ha-schachar«; das übersetzt man gewöhnlich mit »Dem Sangmeister« oder »Dem Vorsänger«. Dies trifft den hier gemeinten Sinn aber nicht richtig. »Nezach«, die vierte Sephira, bedeutet »Sieg«, ein Siegen im Durchbrechen. Man müßte also »Dem Sieger auf die ›Hinde der Morgenröte‹ « übersetzen. Im nächsten Vers folgen die bekannten Worte »eli eli lama sabachtani« — »Mein Gott, mein Gott, warum hast du mich verlassen?« Sie sehen schon an dieser Aufeinanderfolge, was mit der Venus, dem Morgenstern, gemeint ist.

Hinde ist der poetische Begriff für den weiblichen Hirsch. Nun ist es merkwürdig, daß im jüdischen Brauch dem Namen David im allgemeinen das Wort »Zwi« hinzugefügt wird, und »zwi« bedeutet Hirsch. Für unsere Augen ist der Hirsch ein sehr schnelles

Tier, das schnell eilt und springt. Es will sagen: Von David wird etwas erwartet, das mit einer Schnelligkeit kommt, die jenseits unserer gewohnten Geschwindigkeit liegt. Es überholt unsere Vorstellung von Geschwindigkeit und geht deshalb in die Vergangenheit; es ist aber auch schneller als unsere Vorstellung von Zukunft. Wenn wir glauben, es müßte noch kommen, ist es schon da, so schnell geht es.

Wenn wir also vom Messias, der kommt, sprechen, bedeutet es, daß er schon von Anfang an da ist. Zur Rechten Gottes, heißt es, erscheine er schon zu Beginn. So schnell ist er, daß er Anfang und Ende ineins zusammenfaßt. Diese Geschwindigkeit wird im Bild des Hirsches und der Hinde ausgedrückt.

Man sagt, der Morgenstern erscheint, wenn die Nacht am tiefsten ist. Es ist dies aber auch die Zeit, wo die Nacht zu Ende geht. Stellen wir uns einmal vor, der Mensch erlebt zum ersten Mal das Dunkelwerden und die Schwärze der Nacht. Er glaubt, das nimmt kein Ende, es wird schlimmer und schlimmer. Die Sterbekurve in der Statistik verzeichnet deshalb auch in der letzten Nachtstunde ein Wellenhoch. Das ist der schwächste Moment für den Menschen, könnte man sagen, und natürlich nicht nur wegen der Dunkelheit, denn auch helle elektrische Beleuchtung ändert daran nichts.

Der Körper spürt: ›Die Nacht hat jetzt lang genug gedauert, wenn sie nicht endet, gehe ich unter.‹ In der alten Medizin wurde deshalb gesagt, man dürfe in dieser Zeit nicht zur Ader lassen. Heute würden wir sagen: nicht operieren oder sonstige Eingriffe vornehmen, wenn es nicht unbedingt nötig ist. Es ist die Stunde zwischen 5.00 und 6.00 Uhr morgens, in der

»ajeleth ha-schachar« kommt, die Befreiung im Zeichen der Venus mit dem Namen »Hinde des Morgens«.

Hebräisch »schachar«, Morgenfrühe, bedeutet auch »schwarz«, es ist das gleiche Wort. Wenn es ganz dunkel und schwarz ist, erfolgt die Wende zum Tag, kommt schon diese Botschaft. Auch ein Musikinstrument wird »ajeleth ha-schachar«, »Hinde des Morgens« genannt. Nach der Art, wie man es beschreibt, könnten wir es uns hier als Harfe vorstellen. — Im Psalm 22 ist dann weiter vom »Lied« die Rede, »mismor« im Hebräischen. Der Stamm dieses Wortes ist »semer«, was zum Beispiel auch Weinrebe bedeutet. Es will sagen, daß ein Lied so ist wie der Wein, der von den Reben kommt. Wein aber steht für das Blut, das alle Organe miteinander verbindet und so die Einheit im menschlichen Körper bewirkt. Wenn es im Psalm also heißt »Ein Lied Davids«, so ist damit die Einheit gemeint, die dieses Lied — wie der Wein — dem »Geliebten« bringt (David bedeutet »der Geliebte«).

Das im Psalm 22 dann folgende »eli eli«, »mein Gott, mein Gott«, deutet die Überlieferung als »mein Gott« hier, in der Sichtbarkeit, und »mein Gott« dort, im Verborgenen, also überall »mein Gott«, nicht nur hier. Das folgende »lama« bedeutet »wozu?«, »zu welchem Zweck?«, und »sabachtani« ist »verlassen«; ein Verlassensein von allen Rechnungen und Berechnungen, allen Erwartungen und Hoffnungen. Man liest an dieser Stelle auch »asawtani«, ein gebräuchlicheres Wort für »alleingelassen werden«. »Sabachtani« bedeutet auch »geschlachtet werden«; der Sinn ist also nicht dieses Dasein, sondern liegt anderswo, in der Welt der Ewigkeit. Dieses Dasein bleibt deshalb allein, verlassen. Und es frägt nach dem Sinn: »lama«.

In diesen Worten, die Jesu nach der Überlieferung des Neuen Testamentes an der Schwelle zum Tode spricht, erlebt er eigentlich, daß dort die Rechnung nicht mehr stimmt; der Kelch geht nicht vorüber, er wird bis zur Neige geleert. Das entspricht dem Verlassensein, der völligen Hingabe Gottes bei der Schöpfung als Grundlage der Welt.

So geschieht es auch beim Menschen, für den der Planet Venus Bedeutung hat. In diesem Zeichen kann der Mensch die Verlassenheit erleben und sich nach dem Wozu? fragen. Dann spürt er, daß er an einem Abgrund steht und keinen Sinn mehr sieht. Wenn der Mensch das trägt, heißt es, dann kann Erlösung sein.

Auch in der Reihe der Früchte, der sieben Arten des Wachstums, finden wir die Entsprechung zur »Hinde des Morgens«. Bei den ersten fünf — Weizen, Gerste, Weinstock, Feige und Granatapfel — sind immer *viele* Kerne, viele Saatkörner da. Nun aber, bei der sechsten Frucht, der Olive, ist es nur noch *ein* Kern, der begraben werden muß, damit neue Frucht kommt. Aus der Sichtbarkeit muß es verschwinden in ein Geheimnis. Wozu dieses Sterben, dieses Verwesen, diese Art Ende? Im Geheimnis lebt es, keimt und kommt wieder hervor.

Die Olive, wie auch die Dattel, die siebte Frucht, enthält nur *einen* Kern. Die Dattel ist süß. Wenn in der Bibel vom Honig gesprochen wird, ist neben dem Honig der Bienen vor allem der Honig der gepreßten Datteln gemeint. So auch immer dort, wo von »Milch und Honig« die Rede ist. — Wie verhält es sich nun mit der achten Frucht? Sie hat einen ganz merkwürdigen Kern: Man kann ihn essen. Es ist die Mandel, die Nuß. Da wird der Kern gegessen, während man sich bei den Kernen der anderen Früchte die Zähne ausbeißen würde. Den Kern der achten Frucht kann man begraben, aber auch essen. Was man begräbt, ißt man auch, *ist* man auch. Da ist kein Unterschied. Der achte Tag zeigt das.

Im Hebräischen gibt es zwei Namen für die Mandel. Der eine ist »lus«, das gleiche Wort wie der Name des Ortes, der in der Genesis vorkommt, wo Jakob sich niederlegt und die Leiter sieht, die in den Himmel führt. Jakob legt sich also an den Ort der Mandel, den Ort des achten Tages, den Ort der Erlösung. Dann sieht er den Himmel sich öffnen und schaut Gott.

Mit »lus« wird im alten Wissen auch eine Stelle des menschlichen Körpers bezeichnet. Man sagt, es sei das Stückchen im Körper, worum sich bei der Auferstehung der neue Körper baut, woran er sozusagen kristallisiert. Etwas von unserem Ich hier, von unserem Dasein bleibt bewahrt. Es gibt einen Faden. Der neue, der auferstandene Leib enthält die Verbindung zum Leben im Körper. Etwas geht wie durch ein Nadelöhr, könnte man sagen, und daraus wird der neue Mensch gebaut. Das ist der Ort Lus im Körper. Die Anatomie des alten Wissens, wie sie in Midrasch und Talmud überliefert ist, erzählt davon.

Das andere Wort für Mandel ist »schaked«; es bedeutet aber auch »eilen«, also die Hinde, die eilt. Der im Zeichen der Mandel kommt, eilt so schnell, daß er am Anfang schon da ist. Daher wird im jüdischen Brauch dem Namen des Erlösers als »Tröster«, Menachem, immer ein »Mendel« (jiddisch für Mandel) beigefügt; denn der Tröster, sagt man, eilt sich wie die Mandel.

Venus hat etwas Erlösendes. Eine Begegnung im

Zeichen dieses Planeten kann befreiend sein, wenn es auch anfangs sehr ungünstig aussieht und viele Schwierigkeiten kommen: Am Ende wird es erlösend sein. Daher wird der Planet des sechsten Tages, an dem der Mensch in seiner Erscheinung zustandekommt, in den Interpretationen der alten Astrologie sehr wichtig genommen. Schön und strahlend ist der Mensch in seiner Erscheinung, wie von Joseph gesagt wird, der biblischen Gestalt des sechsten Tages. Ausdrücklich wird seine Schönheit hervorgehoben, wenn die Genesis im Zusammenhang mit der Frau des Potiphar von ihm erzählt. Das hebräische Wort für schön meint eigentlich ein Sich-ausbreiten, ein Ausstrahlen: Schönheit ist das Ausstrahlen von innen her. So zeigt es sich beim sechsten der Planeten.

Der siebte Planet, den Sie als Saturn kennen, heißt im Hebräischen »schabtai«. Es ist der Sabbat-Planet, wie sich ja auch der Samstag im englischen Saturday als Saturn-Tag zu erkennen gibt. Ganz im Gegensatz zu den Interpretationen der chaldäischen Astrologie gilt der Einfluß des Saturn in der Astrologie des Seins als gut. Wenn die Astrologie des Werdens dem Saturn im allgemeinen eine negative Rolle zuteilt, so ist das nicht gerade falsch; es ist aber nur eine Hälfte der Wahrheit. Am siebten Tag nämlich herrscht eine merkwürdige Freiheit: Im Werden ist es negativ, im Sein aber sehr positiv. Als Tag der Ruhe zeigt der siebte Tag eine Art Vorbereitung für die Erlösung. Mit Saturn könnte der Mensch spüren, daß die Welt, wie sie ist, gut ist.

Gerade das aber ist, wie Sie wissen, gar nicht leicht. Der Name der siebten Frucht, der Dattel, ist »tamar«.

Tamar ist aber auch der Name einer Frau, von der im 38. Kapitel der Genesis berichtet wird. Sie ist die Frau des ersten Sohnes von Juda, des Er. Ihre Geschichte zeigt, was im Siebten, in der siebten Phase, eigentlich geschieht. Die Bibel berichtet, daß der Er sündigte und starb. Nun soll der zweite Sohn Judas, Onan, sie zur Frau nehmen. Aber Onan verdirbt, wie es heißt, seinen Samen zur Erde. Dies ist zum Anlaß einer psychologisch-biologischen Deutung durch Freud geworden; eigentlich aber will es etwas ganz anderes sagen. Es bedeutet nämlich, daß man die Frucht *nur hier* haben will, während der Same eben eine ganz neue Welt, ein ganz neues Leben verspricht. Von Juda her wird der Sohn erwartet. Die Geschichte von Tamar aber zeigt, daß Juda und seine Söhne Angst vor dieser *neuen* Frucht haben. Nur hier im Gewohnten soll es sein, nicht aber anderswo.

Im Neuen Testament ist es Judas — der gleiche Name, griechisch geformt —, der den Messias nur *hier* haben will. Als Judas fürchtet man die Frucht, klammert sich an dieses Leben, fürchtet das Neue.

Im Gleichnis Gottes aber ist der Mensch, der tut, wie Gott tut — ohne Belohnung zu erwarten. Wüßte der Mensch, daß und wie die Auferstehung für ihn kommt, so wäre er gern bereit, sie sich durch ein entsprechendes Leben zu verdienen. Weil er es aber nicht weiß und auch in seinem Glauben daran schwankend ist, kann sein Verhalten und Tun absichtslos sein. Daß er *nicht weiß*, ist seine Größe im siebten Tag; gleichzeitig aber versucht er, sich an diese Welt, an diesen Tag festzuklammern, fürchtet sich davor, diese Welt verlassen zu müssen. Die Frucht wird also hier gesucht und nicht vom Jenseits erwartet.

So verhält sich der Mensch als Sohn Judas mit Namen Er, genießt den Moment hier und stirbt. Dann soll sein Bruder Onan die Witwe zur Frau nehmen, damit sie den Sohn bekommt. Aber das Kind wird, wie die Bibel es sagt, nicht seinen, sondern den Namen seines verstorbenen Bruders tragen. Onan aber weigert sich, gibt den Samen der Erde, wie es heißt, denn er will keine Frucht zeugen, die nicht in seinem Namen, ihm *hier* gehörend, dann auch da ist. Gott nimmt auch ihn hinweg.

Das Ehelichen einer Witwe spielt, wie wir sehen, gerade beim messianischen Geschlecht eine wichtige Rolle. Viel später in der Bibel, im Buch Ruth, wird vom gleichen berichtet. Ruth, aus Moab kommend, soll von jemandem aus der Familie ihres Mannes »gelöst« werden, und das Kind soll dann den Namen ihres verstorbenen Mannes tragen, des Machlon. Mit ihrer Schwiegermutter kommt sie nach Bethlehem, und Boas will sie lösen. Er weiß aber, daß es noch einen Verwandten gibt, der ihr näher steht und dem es deshalb zukäme, der Löser zu sein. Dieser Mann wird in der Geschichte »ploni almoni« genannt; wir könnten das mit »Herr N.« übersetzen, denn es bedeutet: Er ist namenlos, weil er sich weigert, die Ruth zu lösen. Er fürchtet nämlich, seinen Namen an den Namen des Bruders zu verlieren. Nun aber hat er in Ewigkeit keinen Namen. Boas ist dann der Löser, und es kommt ein Sohn, der Obed, der Vater Jischais (Jesses), des Stammvaters des messianischen Geschlechts.

Es wird in dieser Geschichte also von einer Frucht erzählt, die auf akausale Weise kommt. Wir wünschen uns die Frucht immer kausal, wir wollen das, was aus uns kommt, immer gern verstehen und erklären können. Wir suchen die Pseudo-Früchte, die aus unseren Überlegungen erwachsen.

Kommen wir zurück zur Tamar-Geschichte. Als Juda sieht, daß es weder mit Er noch mit Onan geht, sagt er sich: »Zwei Söhne habe ich wegen der Tamar schon verloren, den dritten, den Schela, will ich nicht auch noch durch sie verlieren.« Und er gibt ihm die Tamar nicht zur Frau, obwohl dies jetzt geschehen müßte. Darauf reagiert Tamar in merkwürdiger Weise: Sie umhüllt sich mit einem Schleier und setzt sich als Dirne an eine Wegscheide. Juda kommt vorbei, sieht die Dirne, geht mit ihr und hinterläßt ihr als Pfand für den vereinbarten Lohn — ein Ziegenböcklein — seinen Gürtel, seinen Ring und seinen Stab. Als er später das Pfand einlösen will, ist die Dirne nicht mehr auffindbar.

Nach einiger Zeit meldet man dem Juda: Deine Schwiegertochter Tamar ist schwanger! Eine Witwe schwanger? Das darf nicht sein. Er will sie töten lassen. Da kommt Tamar zu ihm, zeigt das Pfand und sagt: »Von dem diese Dinge stammen, von dem ist auch das Kind.« Da erschrickt Juda und erkennt, daß es Unrecht war, ihr seinen Sohn Schela vorzuenthalten.

Tamar bekommt nun Zwillinge von Juda. Der sehr merkwürdige Geburtsvorgang wird im 38. Kapitel der Genesis beschrieben. Erst nämlich zeigt sich ein Händchen, und man umwickelt es mit einem roten Faden, damit erkennbar bleibt, wer der Erstgeborene ist. Dann aber geschieht es, daß der andere Zwilling den ersten verdrängt und zuerst durchbricht. Der mit dem roten Faden wird Serach, »Schein (des Roten)« genannt, der andere Perez, »Durchbruch«. Perez aber ist der Stammvater des messianischen Geschlechts.

Fünf Söhne, fünf Männer kommen von Juda: Er, Onan, Schela, Serach und der fünfte, Perez. Vier »versagen«: Die beiden ersten sterben, der dritte bleibt allein, der vierte spielt später bei Jericho eine Rolle, als Joschua das Land einnimmt; da stehlen die Kinder Serachs, was im Bann ist und gehen unter. Vier also werden nicht verwirklicht, der fünfte aber, Perez, bricht durch, siegt. — Auch hier also treffen wir wieder auf die Schlüssel-Struktur der Vier und der Eins, von der ich so oft in meinen Vorträgen und Büchern erzähle. Wer diese Quint-Essentia kennt, kann viele Tore öffnen.

Im Zeichen des Siebten wird Perez geboren, geschieht der Durchbruch; beim Siebten ist aber auch die Angst vor der Frucht. Deshalb ist die Auslegung Saturns in der chaldäischen Astrologie gar nicht so günstig. In der Werden-Seite Saturns herrscht Angst, in der Seins-Seite erfolgt der Durchbruch als Sieg. Tamar, deren Name von der Dattelpalme und dem süßen Honig erzählt, hatte gar kein süßes Leben, eher ein schweres, ein bitteres. Zwei Männer sterben, den dritten bekommt sie nicht, der vierte, ihr Schwiegervater, ist auch kein Ehemann für sie. Wir spüren in dieser Geschichte: Tamar, die keinen Mann hat, sucht einen Mann, bekommt ihn aber auf ganz unerwartete Art.

Tamar entspricht unserer Welt, unserer Wirklichkeit, dem siebten Tag, wie diese Welt immer genannt wird. Es ist das Leben in Zeit und Raum, das Leben auf dem Weg, das Leben in der Entwicklung. Gerade dort geschieht der Durchbruch. Aus dieser Sicht wird Saturn im Menschen in der Astrologie des alten Wissens interpretiert. Saturn enthält, sagt man, die Geschichte von Tamar*, der Dattel, der letzten in der Reihe der sieben Früchte, bei denen man den Kern vergraben muß, um Früchte zu erhalten. Danach kommt das ganz Neue. Der Mensch im Zeichen Saturn hat vor dem Durchbrechen der anderen Welt Angst. Er mag das Kind nicht. Wir wissen aber aus der Bibel: Immer wenn man sich vor dem Erlöser fürchtet, tötet man die Kinder. Herodes tut so, Pharao tut so. Die Angst vor der Frucht ist merkwürdig verbunden mit einem Sichfestklammern an das Leben hier. Das macht uns jetzt die negative Beurteilung Saturns durch die gängige Astrologie verständlich.

Die andere Astrologie aber sagt: »Gib acht, jetzt besteht für dich die einzige Chance, daß du den Perez bekommst, daß du durchbrichst. Du sollst gerade unerwartet und überraschend handeln wie Tamar, nur so geht es. Umhülle dich, werde zum Geheimnis.« Man erzählt daher, wenn man von Saturn etwas sagen will, vom Geheimnis. Nur weil Tamar umhüllt war, kam Juda zu ihr. Man ist nicht der, als der man erscheint. Das Geheimnis prägt den siebten Tag. Wer die Geheimnisse hier enthüllen und vorzeigen will, verhindert die Frucht.

Im Saturn wird dem Menschen die Möglichkeit des Durchbruches mitgeteilt. Er vermag mit Tamar — dem Namen nach »süß«, obwohl sie ein bitteres Leben hat — in die andere Welt zu gelangen. Eigentlich ist die Welt am siebten Tag vollkommen, sie wartet nur auf die Auferstehung. Alles ist erschaffen worden, die Erlösung war schon am Freitag, am sechsten Tag. Jetzt

* Ich habe sie 1979 bei einer Tagung in der Propstei Wislikofen erzählt. Die Kassetten können Sie vom ISIOM Weinreb Tonarchiv beziehen.

wartet man nur noch darauf, daß die Olive gepreßt wird, damit das Öl für den achten Tag da ist. So wird »schabtai«, der Planet des siebten Tages im alten Wissen gesehen.

Die Astrologie des Seins weiß nun auch, wie ich schon sagte, von einem achten, einem neunten und einem zehnten Planeten, die wir heute unter den Namen Uranus, Neptun und Pluto kennen. Man spricht im alten Wissen ganz selbstverständlich von ihnen und gibt auch an, wie sie ins Horoskop einzubeziehen sind, obwohl man sie am Himmel noch nicht sehen konnte. Auch den Chaldäern waren sie bekannt, wurden von ihnen aber nicht in die Deutung einbezogen.

Uranus, der achte Planet, heißt in der anderen Astrologie nur der Achte. Man kann ihm, sagt man, noch keinen Namen geben, denn Namen gelten nur für das, was man zeiträumlich erfassen kann. Was so nicht erfaßbar, ist auch nicht benennbar. Dennoch aber ist es da.

In meinem Buch »Die Rolle Esther« habe ich von der mystischen Rose erzählt, der »schoschana«, dieser Ur-Blume. Man sagt, daß sie dreizehn Blütenblätter hat, abwechselnd sechs rote und sechs weiße, die Farbe des dreizehnten Blütenblattes aber ist nicht zu benennen, denn das Dreizehnte ist jenseits dessen, was wir in Zeit und Raum erfassen und benennen können. Die Zwölfheit, die wir in den Tierkreiszeichen und Planeten kennen, hat das Abwechselnde im Gegensatz: Rot, die Farbe des Nordens, von Gabriel, und Weiß, die Farbe des Südens, von Michael. In dieser Zwölfheit ist die Welt entfaltet. Das Dreizehnte aber enthält alle Farben in einem, ist hier weder zu finden noch zu erklären. Vom Dreizehnten kann man sowenig hier etwas sagen wie vom Menschen bei der Auferstehung; wird er als Greis dann da sein, als Kind oder als Mann? Kann er wählen, wie er auferstehen will? Sie spüren: Das ist nicht benennbar, da sind alle Alter in einem, unfaßbar für uns, die wir uns immer nur ein Nacheinander und Entweder-Oder vorstellen können.

Der achte Planet zeigt im Horoskop des Menschen den achten Tag, die Erlösung. Warum aber nicht die endgültige Erlösung? Danach geschieht Merkwürdiges — Parallelen dazu finden wir im Neuen Testament, vor allem in den Offenbarungen des Johannes —: Ein Neuntes kommt, das Durchbrechen einer Finsternis, eine andere Zeit. Erst mit dem Zehnten wird das Kind geboren.

Im Achten freut man sich einer neuen Zeit, der Erlösung. Man erfährt die Erlösung ganz persönlich, als eigene Erlösung. Was aber, wird gefragt, ist mit all denen, die ihre persönliche Erlösung hier in der Zeit nicht erfahren haben? Sagt Gott nicht: *Alles* muß wieder neu geboren werden? Daher kommt noch ein Gericht, damit im Zehnten das Kind endgültig geboren werden kann.

Im Achten erfährt der Mensch das Erlösende der Einsicht: Das Geschehen hier ist anders als es aussieht. Wenn es schlecht geht, Pech auf Pech folgt, könnte man erkennen, daß der achte Planet die Möglichkeit des Relativierens gibt. Man erfährt dann, daß die bedrückenden Dinge gar nicht so wichtig und schwerwiegend sind, denn es geht doch um das Leben, das immer und ewig ist, und auch in jedem Jetzt ist man in der Ewigkeit. Die Ewigkeit fängt nicht erst nach dem Tode an, sie fängt überhaupt niemals an, denn sie ist immer.

Man kann mit der Ewigkeit in Verbindung treten, wenn man sich vom Siebten, aus dem Zeiträumlichen erhebt. Eine solche Einstellung könnte im Menschen sein. Psychologen und Therapeuten wäre zu raten, nach dem Stand des achten Planeten bei ihren Patienten zu suchen. Da liegt die Möglichkeit einer Neugeburt: Scin, der man ist.

Die Erfahrung des achten Planeten bringt dem Menschen auch, wie es heißt, eine große Sehnsucht nach dem Vergangenen. Er spürt dann: Viele, die vor mir waren, hatten diese Erfahrung nicht, und Begegnungen und Geschehnisse im eigenen Leben stimmten nicht, waren Mißverständnisse, waren Katastrophen, blieben unerlöst. Weil er seine persönliche Erlösung erfährt, sorgt er sich um alles Vergangene. Seit Tausenden von Jahren leben Menschen und sterben — was wird aus ihnen?

Die Überlieferung sagt, daß es diese Sehnsucht ist, die Salomo treibt, die Tochter des Pharao zur Frau zu nehmen. Er fühlt: Diese ganze Welt des sechsten Tages, die vergangen ist — und Ägypten ist doch die biblische Entsprechung dieser Welt —, hat noch nichts Erlösendes erfahren. So möchte der König diese Frau, also die Erscheinung der Vergangenheit. Er will, daß sie in seinem Reich lebt, er will ihr Kinder zeugen.

Im selben Moment aber, in dem er die Frau von Ägypten nimmt — so deutet es die Überlieferung —, ist der Untergang des Reiches besiegelt. Die Teilung des Reiches und der Untergang des Tempels haben dort ihr Fundament. Schrecklich!, sagen wir; aber der Untergang muß sein, damit alles hervorkomme. Diesem Untergang entspricht das Opfer der Weisen, wovon im Chassidismus oft erzählt wird: Für eine Stunde

Freude, die sie einem Menschen schenken können, geben sie gern ihr Leben hin. Diese Stunde Glück zu schenken, dieses Erkennen dem, der nie erkannt hat, ist so wichtig, daß alles bis ins Letzte gern dafür weggeschenkt wird. Ganz verlassen also, hier und dort, wie es im »eli eli« ausgedrückt ist. Es ist das Hinabsteigen in die Unterwelt, um dort zu erlösen. Das Weggehen für drei Tage.

Die Unterwelt — das ist das Neunte. Dieses Reich geht unter—der neunte Planet, heute Neptun genannt, kommt. Das Neunte manifestiert sich als eine Zeit in der Unterwelt, als eine Zeit in der Gebärmutter. Dort keimt die Saat. Es ist wie das Grab, in das der Mensch gelegt wird.

Im Zeichen des neunten Planeten erlebt der Mensch eine starke Bindung und Verbindung zur Vergangenheit. Während er dort tief im Vergangenen lebt, bereitet sich in dieser Dunkelheit und Finsternis die neue Geburt vor. Die neunte der ägyptischen Plagen ist doch Finsternis. Mit dem Zehnten erfolgt die Geburt der neuen Welt. Bei der zehnten Plage ist die Befreiung aus Ägypten.

Das Neunte: Finsternis, Gebärmutter. Vieles erfährt da der Mensch, wovon er gar nicht weiß, daß es in ihm ist. Im Neptun erlebt er auch das Keimen von Vergangenem: das Kommende. In der Unterwelt erfährt er das Durchbrechen einer neuen Welt, die sich im Zehnten zeigt.

Der zehnte der hebräischen Buchstaben, Jod, ist das kleinste Zeichen; aber mit dieser winzigen Jod werden *alle* Buchstaben gebildet. Es ist das Kind, worauf man wartet. Dann ist die neue Zeit endgültig da. Der Einfluß des zehnten Planeten—Pluto nennen wir ihn heute — läßt beim Menschen Reaktionen sehen, die etwas von dieser neuen Geburt verraten. Das Kommende ist schon da. Pluto zeigt die Struktur der Zukunft im Menschen.

Seine Vergangenheit ist in den Genen, den Chromosomen enthalten. Alle Ahnen sind dort miteinbegriffen, ihr Tun und Lassen, ihr Gedächtnis, ihre Erinnerungen und ihre Vorstellungen. Alles ist mitbestimmt durch diese biologische Mischung. Man weiß heute noch ganz wenig von den Genen. Vielleicht gibt es sogar Gene in den Genen? — *Im* Menschen lebt die Vergangenheit; die Zukunft aber auch, heißt es, und zwar mit diesem zehnten Planeten. Er läßt den Menschen seine eigene Zukunft erleben.

Achter, neunter und zehnter Planet zeigen die Zukunft — vor allem aber der zehnte. Mit dem Künftigen sind nicht nur die kommenden Jahre gemeint, sondern ein Erleben auf anderer Ebene: Die Möglichkeit der Hoffnung, heißt es, ist durch diese drei Planeten da. Im Zustand der Hoffnung ist schon da, was noch kommen soll. Wenn es nicht schon im Menschen wäre, könnte er es weder erhoffen noch erwarten. Die drei Planeten heißen daher auch die Hoffnungs-Planeten.

Hebräisch »tikwa«, Hoffnung, kommt vom Wort »kaw«, Maß, Maßstab. Hoffnung hat Maßstäbe. Man könnte also von den drei Planeten erfahren, ob der Mensch noch Hoffnung hat. Wenn er verzweifelt ist, dann fehlt der Einfluß dieser Planeten. Er weiß sich keinen Rat, ist depressiv. »Wo stehen die drei Planeten?« frägt man. Aber auch wenn ihr Einfluß fehlt, ist kein Grund zur Verzweiflung. Der Himmel dreht sich doch, die Planeten kommen schon wieder. Es dauert etwas, die drei brauchen manchmal sehr lang, aber sie kommen wieder. Die Aspekte ändern sich.

Das alte Wissen kennt, wie ich Ihnen schon sagte, auch einen elften und zwölften Planeten. Das Kind aber ist doch mit dem Zehnten geboren — was kann noch werden? Ja, heißt es, dann kommt die neue Sonne und der neue Mond, wie es bei Jesaja heißt: Das Licht des Mondes wird sein wie das Licht der Schöpfung. Das verborgene Licht der Schöpfung kommt hervor, Sonne und Mond werden »voll« und tragen ein Licht, das alles Licht enthält.

Auch diese beiden Planeten sind im Menschen da. Ihre Stellung zeigt nicht nur Hoffnung an, sondern die Realisation des ganzen Weges. Hat der Mensch die Neigung, das Endgültige durch seine Lebensweise schon hier im Leben zu realisieren? Sind neue Sonne und neuer Mond bei ihm da?

Die Umlaufzeiten dieser beiden Planeten haben eine noch viel längere Dauer als die Umlaufzeit Plutos; sie ziehen ihre Bahnen in sehr weiter Entfernung. Aber im alten Wissen werden ihre Aspekte bei der Beurteilung eines Horoskops miteinbezogen. Der Einfluß von neuer Sonne und neuem Mond wird sehr hoch bewertet, denn mit diesen beiden Planeten manifestiert sich etwas im Menschen von der Realität des Kommenden. Man sagt: Menschen, die eine klare Vision haben, sehen im Licht der neuen Sonne und des neuen Mondes. Es kann auch ein plötzlicher Einfall sein, ein Durchschauen der Dinge. Das alles wird dem Einfluß des elften und zwölften Planeten zugeschrieben.

Was wissen wir vom Dreizehnten? Wie bei den

Tierkreiszeichen, so ist es auch bei den Planeten da, bestimmt aber *hier* nicht mehr mit. Es ist, wie gesagt wird, das Zeichen des Gesalbten, des Messias. Vom Dreizehnten bei den zwölf Monden haben wir schon ausführlich gesprochen. Aber auch bei den Tagen der Woche endet es nicht am siebten Tag; es gibt, wie wir sahen, auch den achten Tag, der sich vom Unsichtbaren her hier meldet. Die vier Wochen von je sieben Tagen bilden keinen Monat. Und wie dieses Achte schon etwas von einer Zukunft verkündet, die sich im konkreten Hier, wenn auch nur bescheiden, ausdrückt, so zieht es in seinem Sog auch das Weitere mit: den 9., 10., 11. und 12. Tag.

Die Tierkreiszeichen finden auch in den Tagen der Woche, in den Planeten, einen Ausdruck. Das Achte und das Dreizehnte hängen zusammen. Das Achte in den Tagen ist wie das Dreizehnte in den Monaten. Es zeigt an beiden Seiten, daß es ein Weiteres gibt, das im Verborgenen liegt: in der Zukunft verborgen, wie auch im Menschen verborgen. Und aus dieser Verborgenheit stammt die Freiheit des Menschen. Aus dieser Verborgenheit stammt die Liebe, stammt alles Intime, alle Wärme im Menschen.

Die Struktur dieser Verborgenheit sagt eigentlich aus, daß es mit dem sichtbaren Kalender von Sonne und Mond nicht stimmt, daß es nicht vollständig ist, daß eine Verborgenheit überall sich zeigen, sich melden möchte.

Spricht man vom Ende der Tage, und sucht dann dieses Ende in einer Realität von sieben Wochentagen und zwölf Monaten, dann spürt man aus der bescheidenen — und deshalb gerade vielsagenden — Anwesenheit eines Achten und eines Dreizehnten, daß dieses Ende sehr viel enthält, was jetzt noch verborgen ist. Deshalb heißt es im Hebräischen, wenn vom Ende der Tage gesprochen wird, nicht nur »kez ha-jami*m*«, wie es normal wäre, sondern vielsagend gerade auch »kez ha-jami*n*«. Das Schlußzeichen ist also nicht m, die Mem, denn das würde einfach die 40 sagen und wäre ein »normales« Zeit-Ende. Das Schlußzeichen ist hier, wo vom Ende der Tage gesprochen wird, das n, die Nun also, die 50. Die 50 aber sagt, daß es jenseits von dem liegt, was wir Zeit nennen und als Zeit empfinden; die 8 ist dabei, und mit ihr alles Weitere der Zukunft. Und die 8 weist auf die 13 hin, also auch auf Neues in der Zeit.

Durchbruch des Neuen. Das Purim im Judentum, das Geschehen mit Esther, mit dem Zufall — entscheidender Durchbruch aus dem Verborgenen —, findet eben in einem 13. Monat statt. Der Monat Adar, der Monat der Fische, ist auf einmal mit einer Gegenseite da, die aus dem Verborgenen kommt.

Man spürt: Diese unsichtbaren Planeten und dieser 13. Monat bringen ganz andere, neue, menschliche Elemente in diese alte Astrologie.

ACHTES KAPITEL

Tierkreiszeichen und Planeten im Bild des menschlichen Körpers · Opposition, Konjunktion und Quadrat · Der »kleine« Jom Kippur · Die biblischen Tage und ihre Ereignisse im Horoskop · Nur der Weise kann ein Horoskop deuten · Die Geschichte der Hochzeit von Akibas Tochter · Der Planet des Namens des Menschen · Wünsche und Verlangen des Menschen als Schicksal · Der Bettler · Die Geschichte vom Tagelöhner und dem Felsbrocken · Der schauende Mensch

Zu Beginn dieses Buches habe ich die Astrologie, von der ich Ihnen hier erzähle, die Astrologie des Seins genannt und sie damit von der heute bekannten und praktizierten Astrologie unterschieden, der Astrologie des Werdens. Der Gegensatz, der sich in dieser Unterscheidung ausdrückt, setzt sich auch in der Berechnungsart fort und zieht sich durch sämtliche Bestimmungsweisen. Er zeigt sich zum Beispiel auch, wenn wir das Verhältnis der Tierkreiszeichen zu den Planeten betrachten.

Die Tierkreiszeichen haben etwas Statisches, während die Planeten ständig in Bewegung sind. Natürlich bewegt sich *alles;* wir sehen aber einen Hintergrund, der gleichsam fest ist, vor dem wir ein Sichbewegen überhaupt erst wahrnehmen können. So interessiert man sich auch in dieser Astrologie für den Stand der Planeten: in welchem Tierkreiszeichen sie stehen und in welchem Haus, aber auch, wie sie zueinander stehen. Letzteres ist wichtig, fast entscheidend.

Im Bild des menschlichen Körpers werden die Tierkreiszeichen als Knochen, als Skelett gesehen, während die Planeten das Umhüllende sind, das, was sich fortwährend ändern kann. So spricht man in der Anatomie des alten Wissens von 365 Muskelteilen und 248 Knochenteilen. Letztere werden mit den 248 Mitteilungen der Bibel in Zusammenhang gebracht, wo dem Menschen etwas »geboten«, angeboten wird im Sinne eines Vorschlages; erstere mit den 365 Stellen der Bibel, wo dem Menschen gesagt wird: Das tue nicht! Zusammen also sind es 613 (248 + 365) Teile — das Positive und das Negative —, die den Menschen ausmachen.

Die Knochen-, die Skelett-Teile enthalten die Strukturen und bilden damit das Gerüst des Menschen. Daher findet man auch in jedem der zwölf Tierkreiszeichen einige dieser 248 positiven Mitteilungen. Manche davon habe ich bei der Besprechung der Zeichen erwähnt. Entsprechend gibt es die 365 Mitteilungen zu den Planeten, über ihre Stellung und über ihre Bedeutung. So wird das Dasein des Menschen auch im Kosmos erkannt; dort ist der Mensch also auch mit seinem Tun und Lassen, dort auch mit seinem Gewissen: »Ist es in Ordnung, was ich tue, oder nicht?« In der Entsprechung hier sagt dem Menschen sein Gewissen, ob es positiv oder negativ ist. Man sieht die negativen Teile als ein fortwährendes Sich-bewegen über die positiven. Immer handelt es sich um eine Mischung aus der Struktur und ihren Beeinflussungen. Durch die Stellung der Planeten wird der Charakter des Menschen, seine Struktur, zum Guten oder Bösen beeinflußt. Das kann man in den Deutungen der alten Astrologie sehen.

Ich gebe ein Beispiel. Wir haben ausführlich vom sechsten Zeichen, Jungfrau, dem ersten der männlichen Zeichen, gesprochen und seine Verbindung zum sechsten Tag, zum Freitag, erlebt. Erscheint nun Venus, der sechste Planet, im Zeichen der Jungfrau — sei es im Moment der Geburt oder in einer Lebensphase —, dann kommt es zu einer Verstärkung, zu einer Potenzierung des Sechsten im Menschen. Eine weite Entfernung des Planeten dagegen schwächt auch seinen Einfluß oder läßt ihn fast verschwinden. Es kommt also darauf an, die Einflüsse der Planeten nach ihrer Erscheinung im Tierkreiszeichen zu sehen.

Das alles gilt für die Planeten, die wir kennen. Beim achten, neunten und zehnten Planeten gibt es schon Fragezeichen, beim elften, zwölften und dreizehnten können wir uns überhaupt nicht mehr auf »Kenntnisse« stützen. Nur beim dreizehnten Tierkreiszeichen ist noch etwas erkennbar, wie wir gesehen haben.

Vielleicht verstehen Sie nun, daß man in dieser Astrologie nicht so ohne weiteres »berechnen« kann. Vielmehr wird hier eben das Unberechenbare sehr wichtig genommen, das man klar sieht, aber nicht in der Art berechnenden Messens. Auch die verschiedenen Stellungen der Planeten zueinander — Opposition, Konjunktion, Quadrat — werden berücksichtigt. Die Interpretationen dieser Verhältnisse aber sind oft ganz anders, als wir sie sonst kennen. Eine Opposition zum Beispiel — man überläßt es dem Interpreten, bis zu wieviel Grad er sie als solche gelten läßt — wird als Auseinandersetzung zwischen diesen zwei Planeten angesehen. Es ist ein Kampf im Unbewußten des Menschen, der davon gar nichts weiß. Und man sagt: Nur solange er nichts davon weiß, ist die Auseinandersetzung in ihm da; sobald er weiß, sagt man: »Schade, jetzt ist es ›Schlange‹ geworden.«

Opposition der Planeten gilt als wertvoll. Da könnte ein Kennenlernen stattfinden, und durch das Kennenlernen könnte die Frucht kommen. Man vergleicht das dem Sich-kennenlernen von Mann und Frau. Eine Opposition ist also eine Herausforderung zur Ehe. Diesen Moment, heißt es, soll man nutzen.

Bei einer Konjunktion, einem Zusammenstehen von zwei Planeten, wird weniger die Stärkung des einen durch den anderen gesehen als vielmehr der Mangel an Auseinandersetzung. Etwas ist dann beim Menschen, das lieber das Gespräch, das Kennenlernen in der Auseinandersetzung hätte als das Zusammensein. Denn beim Zusammen*sein* fehlt das *Werden,* die Haltung der Einswerdung. Und die Schöpfung ist doch um der Einswerdung willen geschaffen, der Freude des Sich-näher-und-näher-kommens.

Zusammensein wird als Einigung gesehen, die nicht bestehen bleibt. Es geht doch wieder auseinander. Daher solle man sich hüten, eine Konjunktion wichtig zu nehmen, sondern lieber auf das Auseinandergehen warten, damit es zum Gespräch kommen kann.

Zeigt sich ein Quadrat in der Konstellation der Planeten, so bewertet das die heutige Astrologie meist eher negativ. Im alten Wissen aber sagt man: Eine der vier Möglichkeiten bedeutet, daß man mit den anderen Situationen auch rechnen müßte. Man rät in dieser Situation, vor allem nicht voreilig über sein Schicksal zu urteilen, sondern bei sich selbst die Einstellung zu stärken, daß alles sich noch entwickeln kann.

Wir haben gesehen, daß zum Mondjahr mit seinen zwölf Monaten ein Schalt-Monat in einem Schalt-Jahr hinzukommt. In diesem dreizehnten Monat, sagten wir, geschehen entscheidende Dinge. Mose zum Beispiel ist nach der Überlieferung am siebten Adar Scheni — also »verdoppelten« Adar — geboren und 120 Jahre später am gleichen Tag gestorben. Nun darf man daraus natürlich nicht folgern, daß einer, der nicht in einem Schalt-Jahr oder -Monat geboren wurde, etwa unbedeutend und gewöhnlich sei. Man sagt vielmehr: *Immer* ist dieser dreizehnte Monat mit dabei, denn in jedem Jahr sind es doch etwa zehn Tage, die zur Übereinstimmung mit dem Sonnenjahr fehlen. Sie wirken auf eine Art, die man durch Berechnen nicht herausfinden kann, deshalb aber gerade sehr wichtig ist.

Von den Planeten sehen wir sieben, entsprechend den sieben Wochentagen. Vier mal Sieben aber ergibt nur 28 Tage, also $1^1/_2$ Tage hätten dann keine Planeten!? Man sagt: Gerade in diesen $1^1/_2$ Tagen zwischen den vier mal Sieben stehen die Planeten besonders »dicht«, nämlich die weiteren fünf. Daher der Brauch im Judentum, den Tag vor Neumond — wenn die $29^1/_2$ Tage »voll« sind, der Mond seinen Zyklus erfüllt hat — als »kleinen« Jom Kippur zu begehen.

Am Jom Kippur, am »Tag der Aussöhnung«, wird klar, was umhüllt, was bedeckt war. Am Ende dieses Tages wird sogar der Sinn des Todes klar, der Sinn des Verschwindens und Neugeborenwerdens. Nach dem jüdischen Kalender wird der Jom Kippur am zehnten Tag des Jahres begangen, als Fasttag. Indem man sich fastend der Welt entzieht wird klar, was die Welt eigentlich ist. Im Sich-zurückziehen erfährt der Mensch das Wichtige, das Entscheidende.

Jeden Monat also gibt es für die, die den Brauch halten, den »kleinen« Jom Kippur, an dem man fastet und sich zurückzieht, weil man weiß: Jetzt, in diesen eineinhalb Tagen mit den Planeten, welche nicht zu sehen sind, geschieht Entscheidendes — etwas geht zu Ende, und das Neue beginnt. So also verhält man sich gegenüber dem Unberechenbaren, das entscheidet. Man könnte darin ein Vorbild sehen für das Verhalten gegenüber einem Menschen, dessen Horoskop man sieht, wenn man von den verborgenen Planeten weiß.

Es stimmt also nicht mit der 7 und der 12 im Kalender. Daher kann man auch nicht einfach so tun, als ob es stimmt, indem man die 360 in 12 mal 30 Tage teilt. Verschließt man vor dem, was mit Sonne und Mond geschieht, einfach die Augen, kann man nicht mehr genau rechnen, *alles* ist dann ein wenig verzerrt. Daher kann es vorkommen, daß einer nach dem hebräischen Kalender im Zeichen der Waage geboren ist, nach dem allgemeinen aber als Skorpion.

Tatsächlich ist die Astrologie des Seins viel exakter als die Astrologie des Werdens, denn sie rechnet mit den kosmischen Verhältnissen und berücksichtigt sie nicht nur »so ungefähr«. Zwar müssen Sonne und Mond fortwährend zusammengesehen werden; gewiß aber muß auch der Mond für sich richtig interpretiert werden, denn die Zeichen sind nach den Monden eingeteilt.

Ich sehe oft in den Horoskopen, wie sie heute allgemein berechnet werden, nicht nur Unbestimmtheiten und Unsicherheiten, sondern manchmal spüre ich auch, daß es eigentlich ganz anders ist. Der Ausgangspunkt ist einfach anders und — aus meiner Sicht — nenne ich ihn dann falsch.

Um der Frage, wie nun ein Horoskop der Astrologie des Seins aussehen müßte, etwas näher zu kommen, möchte ich einen weiteren wichtigen Aspekt besprechen, der hier ganz selbstverständlich berücksichtigt wird, Ihnen aber ganz unbekannt sein dürfte. Da die Bibel als »heilige Schrift« ein jenseitiges Geschehen für uns hier in Worten erfahrbar macht, messen wir dem, was dort in den Tagen während des Jahres geschieht, große Bedeutung bei. Die Überlieferung kennt von dort her das Geschehen an jedem Tag des Jahres. Auf ihre Berechnungsmethoden kann ich hier nicht eingehen; jedenfalls weiß man — der Bibel ist es so nicht zu entnehmen —, daß Mose am 7. des 12-ten (Schalt-) Monats, des 13. Monats also, geboren wurde. So kennt man auch die Geburtstage aller zwölf Söhne Jakobs. Weiter nennt die Bibel selbst viele besonders wichtige Tage. Nach der Angabe dort wird zum Beispiel die Wohnung Gottes während des Zuges durch die Wüste, das »mischkan«, meist als »Stiftszelt« übersetzt, am 1. Tag des 2. Monats errichtet. Die Bedeutung ist: An diesem Tag im Jahr, in jedem Jahr, spielt sich im Jenseitigen dieses Geschehen ab. Einem Menschen, der an diesem Tag geboren wird, könnte es ganz Wichtiges mitteilen, wenn das im Heiligen überlieferte Geschehen in der Entsprechung hier erlebt wird.

In unserem Kalender findet man diesen Tag natürlich nicht als ersten Tag im Zeichen Stier, denn unser Kalender rechnet nicht, wie der biblische, mit $29^1/_2$ Monat-Tagen. Sie können den Tag in Ihrem Kalender aber leicht herausfinden, wenn Sie die in hebräischen Kalendern üblicherweise beigegebene Konkordanz zu Rate ziehen. Da sehen Sie bei jedem Kalendertag den entsprechenden biblischen Tag angegeben.

Ein weiteres Beispiel. Pesach (Passa) ist am 15. Tag des 1. Monats im Zeichen Widder, also am 15. Nissan. Im Christentum wird das Osterfest am ersten Sonntag nach Vollmond in diesem Monat gefeiert. Der 15. Nissan aber *ist* Vollmond. Daher verschiebt sich Ostern im Datumskalender, denn bei diesem Fest rechnet man auch im Christlichen nach dem Mond.

Die biblisch mitgeteilten Tage sind also Mond-Tage im Mond-Jahr. Für die Berücksichtigung in einem Horoskop sind sie entscheidend wichtig, da sich an ihnen die Übertragung oder Projektion aus dem Absoluten ins Zeiträumliche zeigt. Das biblische Neujahr beispielsweise fällt auf den ersten und zweiten Tag des 7. Monats im Zeichen Waage. An Neujahr, heißt es, wird der Mensch »im Prinzip« erschaffen. So gibt es noch viele biblisch genannte Tage wie Pfingsten oder das Laubhüttenfest, die im Horoskop berücksichtigt werden. Denn Tage, die *dort* eine Rolle spielen, wollen sagen, daß man *hier* bestimmt ist von dort her. Man schaut dann bei der Deutung von Horoskopen, wie diese biblischen Tage zum Geburtstag liegen, ob sie z. B. im Quadrat, in Opposition oder in Konjunktion stehen.

Bei herausragenden biblischen Tagen spürt man, daß in ihnen ein in Worte gekleidetes Geheimnis mitkommt aus einer anderen Wirklichkeit, zu welchem die Entsprechung hier gesucht werden könnte. Nur dort, wo diese Entsprechung gefunden, erlebt wird, gibt es einen Weg.

Eine weitere biblische Grundlage, die bei der Deutung des Horoskops eine wichtige Rolle spielt, sind die zwölf Söhne Jakobs mit dem dreizehnten Sohn. Sie werden im alten Wissen nach ihrer Reihenfolge als biblische Verkörperung der Tierkreiszeichen gesehen. Daraus ergeben sich Bestimmungen, die viel wichtiger als Berechnungen sein können.

Ein Horoskop, sagt man, kann nur ein Weiser deuten. Wer ist ein Weiser? Sicher nicht einer, der zum Beispiel gut rechnen und denken kann und auch sonst sehr gescheit ist. Gewiß muß man auch klar und gut denken können, damit von dieser Seite keine Unstimmigkeiten kommen, interpretieren aber, heißt es, darf einer, der nur gut rechnen kann, nicht. Ein Weiser muß sicher auch gut denken können, das ist fast eine selbstverständliche Voraussetzung bei ihm, aber das, was ihn zum Weisen macht, ist etwas Anderes.

Gewisse Dinge, sagt man zum Beipiel in der Alchimie, können nur einem Meister gelingen. Warum nicht auch einem anderen, wenn er dasselbe macht? Weil hier nicht nur das Technische, die Fertigkeit eine Rolle spielt, sondern auch die Persönlichkeit. Nur diese aber ist es, die das dreizehnte Tierkreiszeichen und die unbekannten Planeten kennt. Woher? Jedenfalls nicht durch ein Berechnen. Auf andere Art erfährt er von den Planeten, fast wie ein Medium, könnte man sagen. Er muß wissen, was mit dem Menschen los ist, damit er einen Zusammenhang findet. Könnte bei einem Menschen alles berechnet werden, wäre er wie eine durchrechenbare Sache, sehr arm, man brauchte nur ein gutes Programm und einen Computer. Im Menschen aber ist das Andere. Was bei ihm entscheidet, kommt jenseits von Denken und Rechnen.

In der Astrologie des Seins wird daher ein Horoskop ganz anders interpretiert als in der Astrologie des Werdens. Durch das Einbeziehen dieses zehnten, elften, zwölften und dreizehnten Planeten und des dreizehnten Tierkreiszeichens findet eine Art Revolution statt, eine totale Änderung kann eintreten. Das aber vermag nur der Weise einzusehen — der Weise auch, der in jedem Menschen selbst lebt, wenn auch verschüttet von zu viel Denken, zu viel Rechnen, zu viel Planen, zu vielen Fertigkeiten.

Die Überlieferung gibt viele Beispiele, wo sich Weise mit chaldäischen Horoskopen auseinandersetzen, die schon sehr merkwürdig klar und genau den Moment und die Art des Unterganges eines Menschen berechnen, viel klarer, könnte man sagen, als heute mit dem Computer gerechnet werden kann. Der Weise widerspricht. Er zeigt, daß es ganz anders geht, denn er frägt nach den unbekannten Planeten, nach dem dreizehnten Zeichen.

Darauf kann man nicht mit Berechnungen antworten. In einer Zeit wie der heutigen, in der man sehr viel weiß, könnte man auch einsehen, daß sehr viel jenseits allen Wissens im Menschen lebt. Im Bereich seiner Unberechenbarkeit gibt es Zusammenhänge, die nicht an seine Zeit-Gestalt gefesselt sind, sondern sich auf ganz andere Art manifestieren können.

Im Talmud wird eine Geschichte erzählt, die, könnte man sagen, von der Astrologie handelt. Akiba, ein Weiser in Israel, hat eine Tochter, die er sehr liebt, denn sie ist seine einzige. Schon die Ehe, aus der sie hervorging, kam auf merkwürdige Art zustande. Akibas Geburt, um auch diese Merkwürdigkeit noch zu nennen, fiel nach der Überlieferung ins Jahr 0 unserer Zeitrechnung, also ins selbe Jahr wie die Geburt von Jesu nach der christlichen Überlieferung. Die Lebenszeit Akibas wird mit 120 Jahren angegeben. Die ersten vierzig Jahre war er ein armer Hirte, der weder lesen noch schreiben konnte, bei Kalba Schwua, einem reichen Mann in Israel.

Dieser Kalba Schwua — ein aramäischer Name, der im Hebräischen »Hund des Eides« bedeutet — hatte eine schöne Tochter, in die sich Akiba verliebt. Die Tochter auch in ihn. Der Vater ist gegen diese Verbindung — ein Hirt!, ein Analphabet! —, aber die beiden heiraten doch und werden deshalb von ihm verstoßen.

Nach der Hochzeit zieht Akiba fort, um nach dem Willen seiner Frau in den Lehrhäusern der großen Weisen zu lernen. Nach »22 Jahren« kehrt er mit »22000 Schülern« zurück und hört, wie einer zu seiner Frau sagt: »Wo ist denn dein Mann? Der ist schon so lange fort, der kommt doch nicht mehr zurück!«, und hört, wie seine Frau antwortet: »Gewiß kommt er zurück. Und wenn er auch noch weitere sieben Jahre fortbliebe — ich würde auf ihn warten«. Da kehrt Akiba, ohne sich zu erkennen zu geben, zurück in die Lehrhäuser, um weitere sieben Jahre zu lernen.

Nach Ablauf dieser Zeit kommt Akiba mit einer noch größeren Anzahl von Schülern als angesehener Mann zu seinem Schwiegervater Kalba Schwua zurück, der ihn nicht erkennt. Dem tut es nun leid, daß er seine Tochter damals verstoßen hatte, und er sagt zu Akiba: »Ja, wenn dieser Hirte wenigstens gesagt hätte, daß er lernen wolle, hätte ich schon in die Heirat eingewilligt.« Da gibt sich Akiba zu erkennen, und alle sind natürlich glücklich.

Das also ist die erste Ehe Akibas. Die Geschichte erzählt dann weiter, daß er nach weiteren vierzig

Jahren, also mit 80, eine zweite Frau hat. Das kommt so: Der römische Statthalter in Palästina, also der Vertreter des Kaisers dort, der im Talmud Turnus Rufus genannt wird, diskutiert immer mit Akiba, um ihn zum überzeugten Römer zu machen. Das gelingt ihm aber nicht, und wenn er abends nach Hause kommt, klagt er seiner Frau, dieser Akiba kehre ihm ständig seine Argumente um, und er könne ihm einfach nicht beikommen. Da sagt die Frau: »Ich werde dir helfen, laß mich nur machen«.

Nun muß man wissen, daß von dieser Frau in der Überlieferung gesagt wird, sie sei so schön, daß jeder Mann, der sie sieht, sofort nur noch sie zu besitzen wünscht und alles Andere vergißt. Sie sagt nun ihrem Mann, sie werde jetzt zu Akiba gehen und der müsse vor ihr — wie jeder Mann — kapitulieren.

Die Geschichte berichtet nun, daß sich Akiba, als sie ihn aufsucht, um ihn zu verführen, auf merkwürdige Art verhält. Es heißt nämlich, daß er erst ausspuckt, dann weint und dann lacht. Auf ihre Frage, was das zu bedeuten habe, gibt er zur Antwort: »Ich spuckte aus, weil diese Schönheit doch nur Fleisch ist, das betört. Ich weinte, daß solche Schönheit, die doch da ist, vergehen muß. Warum ich lachte, kann ich dir nicht sagen.« Da ist diese Frau natürlich besonders neugierig, das Gespräch zieht sich hin, und am Ende nennt Akiba ihr den Grund seines Lachens, nämlich: Daß es auch für sie eine Umkehr gibt, wodurch das in der Zeit Fortfließende dem Ewigen verbunden wird, und der Mensch sein Leben im Ewigen schon jetzt, in der Zeit, erkennen kann. Und dann, so erzählt die Geschichte, wird sie seine Frau.*

Als er diese zweite Frau hat, beginnt Akibas Weg

ins Paradies. Er geht ihn zusammen mit drei Genossen, und alle vier gelangen ins Paradies. Nach der Rückkehr aber bleibt nur Akiba allein übrig, die drei anderen gehen nachher im Leben auf irgendeine Art unter. Der eine, Ben Soma, wird verrückt; der zweite, Ben Asai, stirbt »in der Hälfte seiner Tage«; der dritte, Elischa ben Abuja, wird ein Abtrünniger, ein Spötter. Warum, frägt man, gehen diese drei beim Rückweg zugrunde? Da wird erklärt: Der Weg ins Paradies geht über vier Phasen, und man muß die innere Geduld haben, alle vier Phasen zu durchschreiten, sonst passiert nur ein Unglück.

In der ersten Phase lernt man die Welt so kennen, wie sie ist. In der zweiten Phase erfährt man die Welt im Wort. In der dritten Phase erlebt man das, was man in der ersten und zweiten erfahren hat, selbst im eigenen Innern. In der vierten Phase führt ein Engel den Menschen, der nun sieht, daß alles um ihn herum sich mehr und mehr zu einer Einheit zusammenfügt. Am Ende kommt man an einen Brunnen, an dem zwei Frauen stehen. (Frauen werden immer als das, was für uns das Erscheinende ist, gedeutet. Auch Akibas zwei Frauen stehen dort; eine, die sich opfert, und eine, die ihn verführen wollte — Gegenpole also.) Dann, am Brunnen, erkennt der Mensch, daß die zwei Frauen eigentlich nur eine Frau sind, und schaut im selben Moment das Paradies im Himmel, in der jenseitigen Welt. Da erfährt er sich im Bild und Gleichnis Gottes.

Auch die drei Genossen sind den Weg gegangen.

* Ausführlich habe ich von Akiba und der Römerin in meinen Lebenserinnerungen »Der Krieg der Römerin«, 2 Bände, erschienen im Thauros Verlag, erzählt.

Aber der eine wollte die Welt nicht kennenlernen, nur alles im Wort erleben, und wurde zum Spötter. Der zweite glaubte, er könne ohne das Wort auskommen, und der dritte meinte, es ginge ohne das Erlebnis im Innern. Jeder der drei glaubte, er könne eine Phase überspringen, und ging dann im Leben unter. Lebend aber und »ganz« bleibt nur der von den Zurückgekehrten, der alle Phasen durchläuft und in sich hat.

Nun, dieser Akiba also, hat eine Tochter, die er sehr liebt und die bald heiraten soll. Ein Freund Akibas, ein Babylonier, sagt ihm: »Der Tag, an dem die Hochzeit sein soll, ist der Todestag deiner Tochter. Ich habe es aus ihrem Horoskop gesehen. An diesem Tag wird sie von einer Schlange gebissen und stirbt daran.« Akiba läßt sich das Horoskop zeigen und sieht: Alles ist vollkommen richtig berechnet, es stimmt, es ist so. Dennoch sagt er: »Heiraten ist etwas im Leben Entscheidendes, denn es bedeutet ein Verbinden des Erscheinenden, des Äußeren, mit dem Verborgenen, dem Inneren. Der Sinn des Lebens ist, daß der Mensch diese beiden Seiten verbindet, daß er also heiratet.« — Mit Heiraten ist hier natürlich nicht nur ein bürgerlicher Akt gemeint, sondern ein Zusammenkommen einer Dualität, ein Zusammenkommen von Erscheinendem und Verborgenem, damit die Frucht sein kann. — »Also«, sagt Akiba, »ich werde aber alle Vorkehrungen treffen, daß eine Schlange nicht in ihre Nähe gelangen kann.«

Man durchsucht also die Umgebung und das Haus, überall werden Wachen aufgestellt, und am Hochzeitstag ist man sicher, daß keine Schlange mehr da ist. Die Tochter, die von nichts weiß, sitzt als gefeierte

Braut am Tisch, und alle großen Weisen kommen zu Besuch. Während sich die Dienerschaft ganz um die hohen Gäste kümmert, sieht die Braut plötzlich einen Bettler scheu am Eingang stehen. Niemand kümmert sich um ihn. Da steht sie auf, geht zu ihm hin und nimmt ihm den Mantel ab. Der Brauch ist, daß am Eingang ein Köcher hängt mit Pfeilen und die Lehmwand dort eine weiche Stelle hat, wo man den Pfeil hineinstecken kann. Die Tochter Akibas nimmt also einen Pfeil, bohrt ihn in die Wand und hängt den Mantel des Bettlers daran. Dann geht sie zurück an ihren Platz und sorgt dafür, daß der neue Gast bewirtet wird. Das geschieht alles im festlichen Gewühl, ganz unbemerkt.

Der Tag geht vorbei, ohne daß die Vorhersage des Babyloniers eingetroffen wäre. Man eröffnet nun der Tochter, was in ihrem Horoskop zu lesen war, und fragt sie, was im einzelnen sie an diesem Hochzeitstag getan habe. Sie kann sich an nichts Besonderes erinnern; da fällt ihr die Episode mit dem Bettler ein. »Wo war es?« fragt man, »wo hast du den Mantel hingehängt?« Sie erinnert sich, daß es der letzte Pfeil in der Reihe war. Man zieht ihn heraus: Seine Spitze hatte eine Schlange durchbohrt.

Diese Schlange, heißt es, war seit Beginn der Schöpfung dazu bestimmt, die Tochter Akibas an diesem Tag, an ihrem Hochzeitstag, zu beißen, und ihr Biß sollte tödlich sein. Ihre »gute« Tat aber — sie tat etwas, das über das, was von einem Menschen nach menschlicher Norm erwartet werden konnte, hinausreichte — hat sie also vor dem Tod bewahrt. Soweit die Geschichte.

Es gibt einen astrologischen Kommentar zu dieser

Geschichte, der sagt: Warum hat Akiba es gewagt, sich über die Aussage des Horoskops hinwegzusetzen? Antwort: Weil er die unbekannten Planeten berücksichtigte, denn er war ein Weiser. Was diese anderen Planeten sagten, ließ sich eben nicht durch Berechnung erfahren, sondern konnte nur im Verhalten des Menschen erlebt werden. Man bedenke natürlich an erster Stelle die tiefe Bedeutung dieser Geschichte für jeden Menschen, für die ganze Welt.

Denn für die Welt — an ihrem Hochzeitstag — kommt die Schlange und beißt sie. Es ist die Geschichte vom Paradies. Dieser Angriff der Schlange gilt aber nur der »Norm«. Der Mensch im Bild und Gleichnis Gottes wird durch sein Verhalten vor dieser Schlange gerettet. Er rettet sich durch sein nicht-konformes Verhalten.

Im Chassidismus ist es auch heute noch der Brauch hie und da, dem Zaddik, dem Weisen, einen Zettel mit dem hebräischen Namen und einem Wunsch, den man hat, daraufgeschrieben, zu geben. Im Namen eines Menschen sieht man seine Bestimmung, er enthält sein Schicksal, auch den Stand der Planeten, die man kosmisch nicht sehen kann. Wo und wie kommt der Mensch zu seinem Namen? Wer gibt ihn? Der Name, sagt man, zeigt eine Seite dieser unbekannten Planeten.

Der Name ist sehr wichtig. Deshalb ist es auch Brauch, den Namen eines, dem es sehr schlecht geht, zu ändern, oder ihm einen neuen Namen hinzuzufügen.

Der Name, sagt man, sei ebenso bestimmend für das Schicksal wie der Ort, an dem man ist. So sagt man im Hebräischen: »Meschanne makom meschanne masel« — »Das Ändern des Ortes ändert das Schicksal«. Zwinge dich also nicht, an einem Ort zu bleiben. Geht's dort nicht gut, geh weg. Noch besser ist es, wenn der Himmel dir zuschaut und dich verjagt. Dann *mußt* du gehen, hast es aber nicht selbst bestimmt. Wichtig ist, daß der Himmel eingreift, nicht mit Worten, sondern mit Geschehnissen.

Der *Name* also ist ein Planet; ein anderer ist der *Wunsch.* Was wünscht sich jemand? Was ist sein Verlangen? Schreibt einer zum Beispiel auf den Zettel: Ich möchte ein gutes Geschäft machen, dann weiß man: Dem fehlt die Beziehung zum Materiellen. Im Schicksal des Menschen zeigt sich der Planet seiner Wünsche. Ein weiterer Planet zeigt sich in der Auskunft auf die Fragen: Wo stehst du in deinem Wissen? Was hast du bis jetzt erfahren, an Wissen erworben? Das Schicksal hat doch bestimmt, daß er dieses lernen konnte, jenes aber nicht.

Der Weise, sagt man, erkennt mit diesen wenigen Fragen, welcher Mensch vor ihm steht. So zeigt sich ihm die Konstellation des achten bis dreizehnten Planeten. Jetzt, wo man Uranus, Neptun und Pluto in die Berechnungen einbeziehen kann, zeigen sich zuweilen Übereinstimmungen zwischen den Mitteilungen im alten Wissen und heutigen Interpretationen, die manchmal eindrücklich sind. Man kann diese Planeten tatsächlich *spüren.*

Nun könnte man vom Weisen erwarten, daß er zuerst die Berechnung macht, dann nach dem Namen frägt, dann nach dem Wunsch, und dann erfragt, wie es mit dem Wissen steht, sich nach dem Beruf erkundigt und dem, was dieser Mensch sonst in der Welt noch sucht. All dies zusammen zeigt ihm die Dreizehn bei den Zeichen und die Dreizehn bei den Planeten.

Er kennt dann das Ganze: Das Berechnete und das Andere. Wenn er nur rechnet, sagt man, ist er kein Weiser und kommt nicht weiter.

Im Gespräch mit dem Babylonier über das Horoskop für seine Tochter sagt Akiba: »Sie wollte heiraten. Es war auch der Mann, nach dem sie sich sehnte. Ich weiß aus eigenem Schicksal, wie es ist, wenn man heiraten will und nicht darf. Wenn man heiraten will, dann heißt das, daß man eine große Sehnsucht nach dem anderen Äußersten hat, und nur diese Sehnsucht vermag der Schlange ihre Kraft zu nehmen. — Wo tritt die Schlange in der Bibel auf? Dort, wo Mann und Frau im Paradies sind, und wir sagen, daß die Schlange die Frau verführt. Die Schlange hat dort Kraft, weil es sich sozusagen nur um eine natürliche, eine triebhafte Bindung zwischen Mann und Frau handelt. Ist aber die Sehnsucht nach wirklicher Vereinigung, nach Ehe, nach der echten Bindung da, dann ist die Schlange machtlos. Das wußte ich auch schon aus dem Namen meiner Tochter.«

Akibas Tochter heißt Nechama, das bedeutet »Trost« (die weibliche Form von Menachem). Wenn der Trost da ist, überlebt man auch. Die Zahlenschreibweise zeigt im Stamm 50-8, Nun - Cheth, eine Beziehung zur Zahl 58. Gerade mit der 58 wird das Überlebenkönnen ausgedrückt, wie ich es ausführlich in meinem Buch »Der göttliche Bauplan der Welt« beschrieben habe.

Und Akiba sagt dem Chaldäer dann weiter, daß er auch das Wünschen und Verlangen seiner Tochter kannte. Er habe gewußt, daß sie einem Bettler, auf den keiner achtet, helfen würde. Ein Bettler, ein Armer — damit ist nicht nur einer gemeint, dem es hier an Geld und Mitteln fehlt, sondern vor allem einer, der arm an Erfahrung des Rationalen, des Kausalen, ist: wie ein Kind also. Im Bild des Bettlers wird der Mensch in seiner Spontaneität zum Jenseitigen ausgedrückt. Der bekannte Ausdruck im Neuen Testament, meist mit »Arme im Geiste« übersetzt, meint keineswegs schwachsinnge oder verrückte Leute, sondern »kindliche« Menschen, die durch rationale Erfahrungen und Denkweisen nicht verhärtet oder deformiert sind. Der Arme, könnte man sagen, geht wohl durch das Nadelöhr, nämlich in den Himmel; der Reiche aber, der viel auf sein Wissen und seine Erfahrung gibt, nicht.

Es gibt eine bekannte Geschichte — Buber hat sie in seinen »Geschichten des Rabbi Nachman« nacherzählt — von einer Hochzeit, zu der sieben Bettler kommen. Jeden Tag erzählt einer der Bettler — die Hochzeit dauert mit ihren Festlichkeiten im jüdischen Brauch immer sieben Tage — eine Geschichte. Sieben Tage — wie die Welt sieben Tage dauert, am achten Tag aber ist die Erlösung. Ein Bettler kann eine Geschichte spontan, vom Jenseitigen her erzählen, denn ihn hindert nicht der Reichtum des diesseitigen Wissens. Er hat's von anderswo her. Daher wird ein Bettler sehr geehrt. Ein Bettler kann schon auch viel Wissen haben, das Entscheidende aber kommt ihm von der anderen Seite.

So geht Akiba mit dem Babylonier das Horoskop durch und zeigt ihm die Planeten, die von ihm nicht einbezogen wurden. Dann erst, wenn das Nicht-Berechenbare zur Berechnung hinzukommt, ist das Horoskop vollständig. All das, sagt Akiba, habe er schon damals vor der Hochzeit gewußt. Wissen meint hier die tiefe Überzeugung, die unerschütterliche Hoffnung, daß es so sein wird. In diesem Sinne weiß man, daß es gut ist, was immer auch geschehen mag.

Die Überlieferung berichtet, daß Pharao dem Mose vor dem Auszug aus Ägypten sagt: »Ra-a steht euch doch gegenüber«, ein Ausdruck, der wörtlich bedeutet: »das ist böse«, aber auch eine astrologische Konstellation ausdrückt, wie es schlimmer gar nicht sein könnte. Dennoch befiehlt Mose den Auszug. Und der Kommentar erklärt dann auch: Pharao und die ägyptischen Astrologen kannten die anderen Planeten nicht; die aber waren gerade entscheidend und standen so günstig, daß sie alle anderen aufhoben.

Die unbekannten Planeten sind die große Möglichkeit im Menschen, durch seine eigene Persönlichkeit dem Schicksal die günstige Wendung zu geben. Fast jeder Mensch kommt einmal in eine lebensgefährliche Situation, wo die Chance durchzukommen tatsächlich sehr gering ist. Wenn er aber voller Lebenskraft ist und leben will, kommt er doch durch. Man sagt: Das kommt vom günstigen Stand der unbekannten Planeten.

Nun möchte ich Ihnen noch eine Geschichte erzählen, die ebenfalls im Talmud vorkommt und unser Thema betrifft. Es ist da die Rede von einer Gruppe sehr armer Tagelöhner, die jeden Tag zur Arbeit auf dem Feld zusammenkommen. In der Mittagszeit setzen sie sich in den Schatten eines Felsens zum Essen. Es ist so Brauch, daß jeder irgend etwas mitbringt, was er gerade hat, der eine ein Stück Brot, der andere ein Stück Käse, der dritte eine Frucht, usw.; einer geht dann herum, sammelt es ein, und alle essen dann gemeinsam von dem, was zusammengekommen ist. Auf diese Weise hat jeder etwas von der Frucht, dem Fisch, dem Brot, dem Käse, und die Nahrung ist dadurch für den einzelnen viel reichhaltiger. Deshalb freuen sich auch schon alle auf die Mahlzeit in der Mittagsstunde.

Einer dieser Tagelöhner hat eine kranke Frau daheim und Kinder, er kann eigentlich gar nichts für die Mahlzeit mitnehmen, denn alles wird dringend zu Hause gebraucht. Arbeitengehen aber muß er, sonst hat er nichts für den nächsten Tag. Als Tagelöhner ist er abhängig vom Brot, vom Lohn des Tages. Also geht er ohne etwas auf das Feld und fürchtet sich nun vor der Mittagszeit, weil dann eingesammelt wird. Die Pause kommt, und er setzt sich zu den anderen. Einer nimmt nun den Korb und geht herum. »Ein schönes Brot und ganz frisch, das wird uns gut schmecken, danke!« sagt er zum einen. »Was für ein köstlicher Käse!« zum anderen. »Gute Trauben als Nachspeise!« zum dritten. Dann kommt er auch zu dem, der nichts hat, sieht das aber gleich und dankt ihm, als habe er gerade etwas besonders Gutes in den Korb hineingelegt. Dann geht er zurück auf seinen Platz. Kurz bevor er ihn erreicht, stürzt ein schwerer Felsbrocken von oben herunter und fällt genau auf den Ort, wohin er sich setzen wollte.

Auch hier sagt der Kommentar, daß dieser Felsbrocken seit Beginn der Schöpfung bestimmt war, diesen Mann zu erschlagen. In seinem Horoskop war das klar erkennbar. Er hat aber etwas Menschliches, etwas ganz Unerwartetes getan, etwas, das er hätte gar nicht tun brauchen. Nicht nur hat er dem Genossen eine Beschämung erspart, er hat ihn noch extra geehrt wie einen, der besonders Wohlschmeckendes mitgebracht hat. Dadurch hielt er sich länger als vorgesehen dort auf und entging seinem sicheren Tod. Ein Horoskop, das die unbekannten Planeten nicht miteinbezieht, konnte diese Wendung des Schicksals, heißt es in der Erklärung, nicht voraussehen.

So sagt man: Nur der Weise darf ein Horoskop deuten, jeder andere rechnet nur und will gleich eine Antwort geben. Der Weise aber wird durch die Fragen und Gefühle, die zwischen dem, der gedeutet haben will, und ihm hin- und hergehen, erleben, was der andere für ein Mensch ist. Wenn man die Person nicht kennt, sollte man ein Horoskop überhaupt nicht deuten.

Die Mitteilung, daß nur der Weise deuten soll, wird auch gegeben, um den Laien von der Astrologie fernzuhalten. Man weiß, er wird es doch nur falsch machen, weil er bloß rechnen kann. Mit seinen Berechnungen wird er die Menschen verstimmen und unglücklich oder aber euphorisch machen und ihnen ein Glück einreden, wenn sie überhaupt nicht glücklich sind. Die Mitteilungen zur Deutung sind daher auch verschlüsselt; verstehen kann sie nur, wer das Ganze in sich hat. Was dem Laien wie Abrakadabra vorkommt, ist dem Weisen Wink und Hinweis.

Im Hebräischen heißt einer, den wir dann als Heiden bezeichnen, »akum«. Das ist eine Zusammenfügung der Anfangsbuchstaben von hebräischen Worten, die, ins Deutsche übertragen, »Diener der Sterne und der Tierkreiszeichen« lauten. Man meint damit solche, die abhängig sind, weil sie nur rechnen können. Das ist einseitig.

Jede einseitige Mitteilung ist gefährlich. Ein Arzt, der wissenschaftlich einseitig seinem Patienten Schwierigkeiten voraussagt, hat Recht, aber nur einseitig recht, er sagt nur die halbe Wahrheit. Ein wirklicher

Arzt würde sagen: »Die Kraft, die Sie haben, ihre Möglichkeiten, sind groß genug, um Schwierigkeiten zu überwinden.« Alle, die nur von der Seite des Berechenbaren urteilen, werden Sternendiener genannt, also nicht nur Astrologen oder irgendwelche Götzendiener.

Von den Ägyptern wird im Talmud gesagt, daß sie die drei kommenden Planeten, den achten, den neunten und zehnten, zwar nicht sehen konnten, aber, weil sie weise waren, *schauten* sie diese. Man weiß auch im alten Wissen von ihnen, obwohl sie nicht am Himmel zu sehen waren.

Vieles wird auf diese Art geschaut. Nicht durch irgendwelche Meditationstechniken, sondern dadurch, daß man es im eigenen Innern wiederfindet. Möglich ist es, daß dabei auch eine Veranlagung eine gewisse Rolle spielen kann; aber eigentlich entdeckt man es nur durch sein Leben, im Erleben kommt es frei. Oder es wird, wie man auch sagt, »beschnitten«, denn die Beschneidung macht frei, was umhüllt war. Gemeint ist das »beschnittene Herz«, von dem die Propheten sprechen. Mit dem »beschnittenen Herzen« spürt man das Andere. Dann gelangt man zur Schau, wie sie Künstler, aber auch Wissenschaftler manchmal haben.

Im Stand der unbekannten Planeten und des unbekannten dreizehnten Zeichens ist der Mensch selbst miteinbezogen: Deuter und der, dem man deutet.

Ich hoffe, es ist mir gelungen, Ihnen einige Einblicke in eine Astrologie zu geben, die ich eingangs die Astrologie des Seins nannte. Sie haben gesehen, daß es sich dabei um ein sehr reichhaltiges Gebiet handelt. Vielleicht war es doch möglich, Ihnen zu zeigen, daß diese Astrologie auch sehr erfolgreich sein kann, was allerdings voraussetzt, daß sich zum rechnenden der schauende Mensch gesellt. Damit wäre dann eine Sicht eröffnet, die uns hoffnungsvoll in die Zukunft blicken lassen könnte.

FRIEDRICH WEINREB
DER MYSTISCHE WEG

96 Seiten. Format 13 × 21 cm. Broschiert.
ISBN 3-88411-046-2

Im alten Wissen des Judentums ist eine viel kommentierte Geschichte vom Weg des Menschen überliefert, in deren Mittelpunkt die Gestalt des Akiba steht, der vom armen Hirten zum großen Weisen in Israel wird. Schicht um Schicht dieser Geschichte deutend, dringt Weinreb bis zu ihrem Kern vor, wo sich ihr verborgener Sinn als Reise ins Innere, ins Geheimnis zu erkennen gibt. Wie der Mensch zu sich selbst findet und die Verborgenheit in sich selbst findet; entscheidend dabei ist aber die Rückkehr zur Welt des Alltags. Der Weg durch die himmlischen Hallen als Rückweg ins irdische Leben, wo jetzt Zeit und Raum und alles Materielle als herrliches Geschenk empfangen werden können.

FRIEDRICH WEINREB
VOM GEHEIMNIS DER MYSTISCHEN ROSE

3. Auflage. 48 Seiten. 13,5 × 21 cm. Broschiert.
ISBN 3-88411-019-5

Von der Rose als Symbol erzählen heißt für Friedrich Weinreb, von der Grundstruktur des Lebens sprechen.
Das kostbar ausgestattete Büchlein eignet sich auch gut als Geschenk, um diesen Gedanken noch Fernstehende mit dem echten mystischen Denken in Berührung zu bringen.

THAUROS VERLAG · WEILER

FRIEDRICH WEINREB
SCHÖPFUNG IM WORT
DIE STRUKTUR DER BIBEL
IN DER JÜDISCHEN ÜBERLIEFERUNG

Ungekürzte Ausgabe. 956 Seiten.
Leinen im Schuber. Format 15,5 × 22,5 cm.
ISBN 3-88411-028-4

Weinrebs Hauptwerk liegt nun ungekürzt in deutscher Sprache vor. Die unter dem Titel »Der göttliche Bauplan der Welt« 1965 erschienene stark gekürzte erste deutsche Ausgabe bezeichnete Friedrich Weinreb in seinem damaligen Vorwort »als Einführung in die hoffentlich bald zu erwartende vollumfängliche deutsche Ausgabe ... das Buch braucht nämlich ... tatsächlich jedes Wort der ursprünglichen Fassung, um in seiner ganzen Bedeutung einigermaßen richtig eingeschätzt zu werden.«
Entsprechend kompakt und unerschöpflich ist der Text jeder Seite dieses Buches. Geht es dem Autor doch darum, die überwältigende Vielgestaltigkeit der Welt und allen Lebens im Wort der Bibel einzusehen. Seit Jahrtausenden ist diese Einsicht im Judentum überliefert; aber in jeder Zeit will und muß sie ganz neu und ursprünglich erlebt werden.
Ein umfangreicher Anhang enthält die Anmerkungen und Quellenangaben des Autors, eine Bibliographie der wichtigsten Quellen der Überlieferung, Editorische Notizen, Biographische und bibliographische Angaben zu Friedrich Weinreb sowie einen sehr ausführlichen Registerteil: Personen- und Sachregister, Register der hebräischen Wörter, Zahlen-Register, Register der Bibelstellen.

In Weinrebs Auslegung gewinnt die Schrift eine ungeahnte Tiefe, in der die Umrisse der inneren Struktur der Welt, Sinn des Daseins und Sinn der Schöpfung, sichtbar werden. *Neue Züricher Zeitung*

Tatsache ist, daß dieser großartige, von der Liebe zur Tradition bestimmte und zugleich wissenschaftlich fundierte Versuch nicht ohne Einfluß auf die moderne Bibelexegese bleiben dürfte, auch auf die der Christen. *Die Welt*

Wer als Christ das Gespräch mit dem Judentum sucht, sollte an Friedrich Weinreb nicht vorübergehen. Sein Buch »Schöpfung im Wort« bietet den Schlüssel zu seinem Gesamterk. Er gibt auf die Fragen nach der Inspiriertheit der Bibel eine recht ungewöhnliche Antwort. Neu gerät sie in Blick: ganz Gottes Wort, ganz Menschenwort. Weinrebs Verständnis der Bibel unterscheidet sich grundsätzlich von den üblichen exegetischen Methoden. Er ist auf seine Weise wirklich alternativ. Eines seiner hermeneutischen Prinzipien besagt, daß Struktur und »Begriffe des Wesentlichen« in der hebräisch geschriebenen Bibel unübersetzbar sind. »Die Übersezung ist also nur ein Medium, um zum ursprünglichen Text eine Verbindung herzustellen.« (S.24). Weinreb erläutert die Bibel in einer Weise, daß sich seine rhetorische Frage positiv beantworten läßt, nämlich »ob die Bibel nicht die Schöpfung selbst ist, nur in anderer Form, in anderer Beschaffenheit, nämlich in der des Wortes.« (S. 60) ... In dem grundlegenden Werk F. Weinrebs geht es in vielfacher Weise um die Rückkehr zum Ursprung nach vorne in der Zeit. *»Geist und Leben«, Heft 2/1996*

THAUROS VERLAG · WEILER

FRIEDRICH WEINREB
SELBSTVERTRAUEN UND DEPRESSION

4. Auflage. Broschur. Format 13 × 21 cm. 55 Seiten.

Die Schicksale von Saul und David, wie sie die mythische Bilderwelt der Bibel und der jüdischen Überlieferung geformt haben, berühren jeden Menschen unmittelbar. Staunend entdeckt der Leser, daß das Drama der beiden biblischen Könige Saul und David nicht irgendeiner fernen Vergangenheit angehört, sondern ständig im eigenen Ich sich abspielt. Denn der frohe, singende und tanzende David und der düstere, gedrückte, in Eifersucht sich verzehrende Saul sind Aspekte tiefer und gewaltiger Kräfte im Menschen.
Weinrebs Erzählen öffnet den biblischen Geschichten Tore zum unmittelbaren, alltäglichen Erleben, und erweckt dadurch »Heilmittel« im Menschen, die helfen.

FRIEDRICH WEINREB
DIE WURZELN DER AGGRESSION

3. Auflage. Broschur. Format 13 × 21 cm.
61 Seiten.

Die gemäß chassidischer Tradition lebendige Entfaltung biblischer Urbilder – der Angriff der Schlange im Paradies, Kain und Abel, der Haß der Brüder auf Joseph – führt den Leser zum Erleben des Aggressiven in seinem eigenen Innern. Nicht im Beschreibbaren erfolgt der Durchbruch zur Lösung quälender Konflikte, sondern im Erlebbaren und daraus folgender Wandlung der Einstellung.

THAUROS VERLAG · WEILER

WEINREB LESEBUCH
MIT EINEM ÜBERBLICK ÜBER LEBEN UND WERK FRIEDRICH WEINREBS
Herausgegeben von Christian Schneider

*230 Seiten. Format 13,2 × 21,2 cm.
Gebunden. ISBN 3-88411-050-0*

Eine ausführliche Abhandlung über Weinrebs Leben und Werk eröffnet den Band. Es folgen, thematisch geordnet, Texte aus dem umfangreichen Werk, die die Spannweite und Tiefe der Gedanken Friedrich Weinrebs eindrücklich vergegenwärtigen. Was immer im Zentrum seiner Überlegungen steht: Liebe und Hoffnung, Krieg und Gesellschaft, Sterben und Tod, Judentum und Chassidismus, Leid und Erlösung, Wort und Sprache, Zeit und Gegenwart, Freude und Ewigkeit, Thora und jüdische Überlieferung – zugleich vermittelt es auch die erstaunlichsten Einsichten in die Einheit eines großen Lebenszusammenhanges.

THAUROS VERLAG · WEILER

FRIEDRICH WEINREB
VOR BABEL
DIE WELT DER URSPRACHE
Aus dem Niederländischen
von Konrad Dietzfelbinger

440 Seiten mit 58 Abbildungen.
Format 21 × 30 cm. Broschiert.
ISBN 3-88411-047-0

Weinrebs erste grundlegende Vortragsserie aus den Jahren 1966/1967 über die 22 Buchstaben des hebräischen Alphabets, die Vokale und die Melodie des Sprechens. Die Vorträge sind nicht nur ein fundierter Einführungskurs in das biblische Hebräisch, sondern behandeln zugleich auch die verborgenen Tiefenschichten jeder Sprache und allen Sprechens. Die Formwerdung der Buchstaben-Zeichen veranschaulichen zahlreiche Abbildungen. Die Fülle der vom Autor behandelten biblischen Erzählungen, Symbole, Begriffe, religiösen Feste und Bräuche ist durch vier Register erschlossen.
»Im Wort wird das große Ganze ausgedrückt, das sonst nur in unendlichen Zeiten und Räumen gefaßt werden könnte und in seiner Gesamtheit überhaupt nicht zu fassen wäre. Das ist das Wunder des Wortes.«

THAUROS VERLAG · WEILER

ZEICHEN AUS DEM NICHTS
BILDER VON DIETER FRANCK
MIT TEXTEN VON FRIEDRICH WEINREB

80 Seiten mit 23 Farbtafeln. Format 28 × 23 cm.

Die 22 Aquarelle zur Symbolik des Hebräischen Alphabets entstanden aus der Begegnung des Malers mit der Welt des alten jüdischen Wissens, die ihm Friedrich Weinreb erschlossen hat. Eine grundlegende Zusammenfasusng der Symbolik, Textauszüge aus den alten Quellen sowie ein Essay über »Kunst und Überlieferung« geben dem bibliophil ausgestatteten Buch bleibenden Wert.

Pressestimmen

Ein Stiller im Lande tut hier starke künstlerische Wirkung. Sie geht besonders von den Aquarellen zur Symbolik des hebräischen Alphabets aus. *Süddeutsche Zeizung*

Die 22 Buchstaben des hebräischen Alphabets sind nicht nur abstrakte Lautzeichen, sie haben auch eine sinnbildliche Bedeutung. Religiöse Überlieferungen des Judentums weisen darauf hin, daß jeder dieser Buchstaben einen wesentlichen Bereich des menschlichen Daseins und seiner Beziehung zu einer göttlichen Weltschöpfung symbolisiert. Diese Symbolik wurde, von dem die Quellen altjüdischer Tradition aufspürenden Schriftsteller Friedrich Weinreb, in einer vom Chassidismus beeinflußten Form interpretiert. Den einzelnen Buchstaben symbolisch zugeordnete Beziehungsobjekte wie Haus, Tür und Fenster, Hand, Mund und Auge, Schwert und Kelch, Feuer und Wasser, Pflanze und Tier hat Franck in stimmungsdichten Bildkompositionen dargestellt. *Stuttgarter Zeitung*

FRIEDRICH WEINREB
DER SIEBENARMIGE LEUCHTER

2. Auflage. 44 Seiten. Format 13,5 × 21 cm.
Broschiert. ISBN 3-88411-025-X

Warum wird die Sieben eine »heilige Zahl« genannt? Was kann sie uns er-zählen? Und was ist das für ein Licht, das uns Erleuchtung schenkt? Läßt sich das Geheimnis wahren und zugleich erzählend offenbaren? Eine wegweisende Antwort auf diese wichtige Frage ist dieses Büchlein von Friedrich Weinreb. Denn es zeigt sich gleich, daß der Leuchter als ein tiefes und ausdrucksmächtiges Bild im Kern jedes Menschen lebt, und nicht etwa nur auf einen Kultgegenstand jüdischen Brauchtums zu reduzieren ist.

FRIEDRICH WEINREB
ZAHL, ZEICHEN, WORT
DAS SYMBOLISCHE UNIVERSUM DER
BIBELSPRACHE

3. Auflage. 107 Seiten. Format 13 × 21 cm.
Kartoniert. ISBN 3-88411-031-4

Friedrich Weinreb stellt in diesem Buch eine von theologischen und philosophischen Auffassungen gänzlich abweichende Denk-, Lese- und Erlebnisweise des biblischen Textes vor. Gerade die jüdische Überlieferung und die Struktur der hebräischen Sprache sind geeignet, zu jenem Ursprung des Wortes zu führen, der in früheren Zeiten noch eingesehen, heute aber ganz vergessen worden ist.

THAUROS VERLAG · WEILER